Ⓢ新潮新書

アンジェラ・アオラ
Angela Ahola

安達七佳［訳］

不倫の心理学

1046

新潮社

はじめに——夫の不倫をきっかけに

結婚前は目を大きく見開いて確かめておくように。
その後は片目を閉じているくらいがちょうどいい。
——ベンジャミン・フランクリン

なぜこの本を手に取ってくださったのでしょうか。愛する人の裏切り？　ご自身の心変わり？　それとも純粋にこのトピックに関心をお持ちだったのでしょうか？　私は夫の裏切りに遭い、その当時、読みたかったのがこの本です。

私は取り替えられてしまいました。14年間、結婚していた男、苦楽を共にした夫が別の人を選んだのです。妊娠も出産も家族の病気も経験しました。愛する人を失ったこともありましたし、葬儀の手伝いもしました。結婚記念日を祝い、2人でビジネスを立ち上げ、二人三脚で日常を共にしてきました。一緒に年を重ねていくと思っていました。

「実は、離婚したの」

「どうして？　お似合いだったのに」怪訝そうに友人たちは言いました。

確かに、ある意味ではお似合いだったのかもしれません。きっといろいろな意味でも。でも違いました。離婚から数年が経ちましたが、当初から彼が夫でなくなることに感謝する日が来ることは理解していました。私と子供たちのためにも、本当は結婚をもっと早くに解消すべきでしたから。ただ、そのことが腑に落ちるまでには時間が必要でした。

当時はいくつもの疑問を反芻していました。なぜ夫は不倫をしたのか？　なぜ私を見捨てたのか？　私は欠点だらけで愛するに値しないのか？　それとも、夫は誰と暮らそうとも浮気をする人なのか？　夫は承認欲求を満たしたかったのか？　もしそうだとしたら、私はそれを満たす存在にはなれなかったということなのだろうか？

そんな疑問が頭から離れませんでした。それでも揺れ動く心のうちを把握することが重要だったのでしょう。私は自分の気持ちを整理しようと必死でした。心と体は疑心暗鬼に取り憑かれてしまったようでした。

何が起こったか話すのはあまりに苦痛でした。答えたくない質問をされることを恐れ、近しい人たちにさえ打ち明けられませんでした。夫も何も答えてくれませんでした。

本書では、客観と主観、両方の見解を追求しました。性的関心や浮気、信頼関係に関する研究結果を調べ、加えて綿密な取材を通じて人々の経験も探りました。

本書の企画が閃いた時、友人や知人にその話をしました。不倫を理解するには現在進行形の不倫経験者に会う必要がありました。何らかの形で不倫しながら暮らしている人々の連絡先を入手し、パートナー（配偶者や恋人）以外の相手との関係を4年間続けているという男性に会いました。元彼が実は別の土地で家族を持っていたことをその友人から聞かされた女性や、4人の男性とデートしていた人、前述の男性のようにパートナーのほかに二重生活を送っていた人にも会いました。

不倫は苦しみの原因になるだけでなく、消えかけていた情熱を取り戻すこともあるということが分かりました。最大の裏切りが、同時に起死回生のきっかけになりうるということ。不倫や浮気は現在のパートナーとの関係解消の原因にもなれば、関係改善の手段ともなるのです。また、復讐としての不倫や浮気のほか、承認欲求や興奮を得るため、あるいは明らかな目的を持った戦略として浮気をする人もいます。

パートナーシップと社会的地位、知識という3つの心理的欲求がいかに人生を左右するか説明した本を書いたことがあります。不倫や浮気はこの3つすべてを網羅しています。人生の始まりから終わりまで、人はパートナーシップ、つまり他者との親密さとつながりを求めます。時には正式な交際や婚姻の他にも。社会的地位が重要なのは、どんなパートナーシップにおいても、当事者が不貞を働くかどうかは力関係に影響されるからです。3つ目の知識は、知ることで成長したり自己拡張すれば、それが不倫や浮気を後押しすることがあるからです。パートナーシップはサメのようなもので、死なないためには常に前進する必要があると言われます。絶えず関係を見直し、再構築する必要があるのは、人がよそに新しいものを求めるリスクがあるからです。

性的関心や相性、交際につながるメカニズムについての本を書いたこともあります。その中では関係を長続きさせ、豊かにし、幸せでいるために必要なことについても解説しました。正式な（交際、婚姻のある）パートナーシップにおいて、燃え上がるような感覚がなくなったらどうなるのか？　相手がそれをよそに求める人なのか？　不倫や浮気の兆候は見分けられるものなのか？　誰でも浮気するのか？　予防策はあるのか？　といったことについて書いた本でした。

本書ではこうしたことに加えて、次のような問いにも答えようと思います。正式なパートナーシップではない、不倫や浮気だけが与えてくれるものとは何か？　そこから何を学ぶことができるのか？　打ち明けないといけないものか？　「一度浮気したら、またする」というのは本当なのか？　現代人はパートナーシップに過剰な期待を抱きすぎるがために、失望しては他を探してしまうのか？　不倫や浮気が発覚すると「今回が初めてだ」と言うが本当なのか？　初回、2回目、3回目……どのタイミングで不倫や浮気は発覚するのか？　そもそも人間は一夫一妻制であるべきなのか？

本書では私の体験談と並行して、現在不倫中のヴェラとヨーアルを紹介してゆきます。夫婦関係の問題から、不倫が次のライフステージに続く突破口となり得るかという問いに至るまで、2人の人生の転換期に寄り添っていきます。両者にはそれぞれの物語と夫婦関係、またその土台となるパワーバランスが存在します。不倫や浮気に関する最も重要な研究結果もお伝えしようと思います。

不倫や浮気を理解する過程は頷かされることの連続でした。これからお伝えする物語は赤裸々で正直なものです。感情的で刺激的、予想外の展開がいくつもあります。私自身、この本がこれまで日の目を浴びずにいた種類の本であることに少し特別な誇りを感じています。というのも、実際、この分野の本のほとんどは不倫や浮気からどう立ち直るか、どのようにパートナーシップを築き、信頼を回復するかについて書かれたものばかりだからです。素晴らしい本ばかりですが、私が読みたかったのは不倫当事者の内なる思考と行動を順を追って知ることができるものでした。それが本書の特徴です。

本書では教わってきた善悪の評価軸の間で、また、自分のニーズと他者からの期待の間で葛藤する実在の人物を見守ることになります。何を落とし所にするか。つつがなく過ごす日常で満足できるのか、それとも遅かれ早かれ自分の人生や願望、夢を見つめ直し、判断すべき地点に至るのか？

しかし、本書が本当に描いているのは私たち人間と人間関係についてです。人が皆、何を望み、何を必要としているのか。なぜなら不倫や浮気の中にこそ、心の奥底で求めているもの、人生を生きる価値のあるものにしてくれる答えが多くあるからです。そして、パートナーシップを長続きさせるものが何かについても教えてくれるでしょう。

では、人間関係の中で最も夕ブー視されている行為の1つを理解する旅路に出かけましょう。人に最も強く影響を与え、深い暗闇へと陥れる可能性のある出来事を理解できれば、きっと私のように驚くことになると思います。

アンジェラ・アオラ

2023年2月1日

不倫の心理学◆目次

以下、危険地帯につき注意

隔週の金曜日、私と子供たちは同じアパートメントの子連れ家族4組と夕食を共にする。近所でピザをテイクアウトし、誰かの家に集まる。どの家も子供が2人いる単親世帯で、ヨハンはそんな父親の1人だ。その日、私たちは夏の香りが漂う満開の木々と澄み切った青空に囲まれた中庭に座って夏の陽気を満喫していた。やっと外で食事ができる。他の家族は別荘へ行ってしまったが、ヨハンと私の家族はまだストックホルム市内にいた。子供たちは大声でおしゃべりし、久しぶりに会えたことを喜び、手早く食べるとブランコへと走っていく。

「何か新作を書いてるの?」と子供たちの賑やかな声が遠ざかってからヨハンが尋ねる。

ピザを食べながら私は不倫本の企画について話し、パートナーシップと一夫一妻制、離婚について――2人とも離婚経験者だ――語った。ヨハンと話しているうちに本で取り上げる体験談の持ち主を見つけられずにいることを思い出した。こんなに見つけるのが難しいなんて、と私はため息交じりで言う。ハードルはかなり高い。不倫をしているだけでなく、きわどいことでもオープンに打ち明けてくれる人。安心して心の奥底にある秘密をさらけ出し、本に書かれることも受け入れてくれる人。いろいろな意味で厄介だ。何人もの友人や知人に「不倫してる人、知らない？」と尋ねたが、答えは「ノー」だった。この話題はデリケートで、誰も好き好んで自慢したりしない。

5、6人の候補者と数回、話をして、ふさわしいと思った2、3人に絞り込むことになるのだろうか。どうしよう、1人も見つかっていない。デリケートな話題であることを考慮すれば、簡単なことではないだろう。もちろん全面的な秘密厳守は約束するつもりだが、読んだ人にどこの誰と悟られないという100％の確信は持てないかもしれない。不倫の汚名を着せられれば悪人だ、どんな白い目で見られるだろう。

まさかこの企画は始める前から失敗する運命にあった？　私はどうすればうまくいくかもわからぬまま、なんとかなるだろうと着手していた。

ヨハンが考え事を遮った。「曾祖母も浮気をしてたんだ。その禁断の関係から子供が生まれ、一家は離散し、影響は何世代にもわたって続いたんだよね」と彼は言った。

恋愛とは複雑なものだ。パートナーシップはとにもかくにも要求が多い。にもかかわらず、人は懲りずに関係を持とうとする。だが、どれだけ複雑でも人間の行動パターンを説明することはできるはずだ。

ヴェラとヨーアルの登場

すぐにでも誰かを見つけなければ。不安になり、あちこちにメールを送り、周囲に尋ね、同じ質問をして回った。「不倫に関する本を執筆しているのですが、不倫や浮気をしている方を知りませんか?」不倫や浮気はよくあることで、決して批判したいわけではないことを伝え、当事者が現れることを願っていたが、返事は「ノー」誰も現れない。

2週間経っても取材対象者を見つけられず、時間ばかりが過ぎていく。目標は現時点で不倫している人を見つけることだが、望み薄なら目標を下げなければならない。過去に経験がある人で充分なのかもしれない。

数週間のうちに経験者とのコンタクトがとれ、その後数名とも連絡がとれたがそれっきりだった。女性で経験談を提供したがっていた人もいたが、残念なことに数カ月後、辞退した。デリケートな状況で、彼女自身や不倫相手、その妻が特定されることを恐れたのだ。「彼は離婚しないわ」と諦めのため息を吐く彼女からはまだ希望を持っていることが伝わってきた。4年が経って、もう陰の存在でいたくはないということも。2人の関係をオープンにできないことを彼女は〝品位に欠ける〟と言っていた。

ついに候補者リストに数人の名前が載る日がやってきた。以前、不倫をしていたが、今はしていない人たち。パートナーと今も暮らしており、経験談を話しても良いと考えている人たち。だが彼らは不倫はずっと前のことで、今は絶対にしていないと念を押す。真実はあまりにもバツが悪く恥ずかしいようで、彼らが包み隠さず話すことはないだろうと直感で思った。それではうまくいかない。赤裸々な真実が必要なのだ。

突然のことだった。

まずヴェラとコンタクトがとれた。乗り気だ！　この取材を自分の気持ちの整理に役立つと捉えている。ヴェラとは長い付き合いで、互いに100%信頼している。その数カ月後、どこからともなくヨーアルが現れた。彼もまた、取材が自分を理解するのにつながると感じているようだった。やっとだ！　取材を始めると、2人の率直さと信頼度の高さ、その後耳にすることになる話の内容に私はただ驚くばかりだった。

本書についての注意事項

最初の数行を書いただけで、この物語が私をどんな気持ちにさせるのか悟った。同様に、誰かに執筆内容を話すとその相手の感情を刺激することも。不倫には刺激的だったり驚愕させられたり、自分勝手に思われる行動が含まれている。人間関係の中でも不倫は不合理な力と感情の迷宮のようなものだ。恋愛が複雑なら不倫はさらに厄介だ。同時に不倫は自分自身について、そしてパートナーシップに何を求めるかについて多くのことを教えてくれる。

ヴェラとヨーアルと長い時間を過ごした後、不倫はむしろ私たちが最もおざなりにしてきた心の奥底の本音を呼び覚ますものなのだと考えるようになった。不倫や浮気を単純に善悪や被害者／加害者に分類することはできないということもすぐに悟った。ある事象を調査する際、研究者は広い視野を持つ必要がある。私は不倫というテーマで調査をしようとしていたわけだが、読者に真摯で正直な真実を伝えるためには、私も包み隠さず自己開示する必要があるとも感じた。不倫が波紋を呼ぶ話題であるという事実に関係なく。オープンであってこそ真実が見え、問題の核心に迫り、大局を見ることができ

以下、危険地帯につき注意

る。そうすることでありのままの自分自身を見ることができる。結局のところ、不倫や浮気はスペクトラムであり、白と黒の間にあるグレーのグラデーションだ。非難されるようなケースから「もしかしたら私かもしれない」と共感できるものまで、すべてが含まれる。ヴェラとヨーアルの不倫はこのスペクトラムの片隅に入るかもしれないし、そうでないかもしれない。

だが、覚えておいてほしいのは、オープンであることと容認することは同義ではないということだ。理解することと正当化することは別ものだ。もし非難だけで終わらせてしまうのならば議論は成立せず、本書も必要ない。執筆のねらいは研究が人々やそのパートナー、ひいては人間について教えてくれることの中で現実に寄り添いながら適切なバランスを取ることだ。

ヴェラとヨーアル、そして私自身の経験や科学が教えてくれるありとあらゆることに触れる前に、言いたいことはお伝えした。読者には私たち3人の人生の転機を、そしてヴェラとヨーアルがなぜ不倫という危険地帯に〝陥ってしまった〟のか、その運命と選択を見守っていただくことになる。言っておくが、これから目の当たりにする物語は衝撃的で、時に不安に満ち、情熱的でもある。臆病な人には向かない部分もある。さらに、本書は成人向けであることも付け加えておく。もし本書がストリーミングサイトの映画だったら、タイトルの横に「16歳以上」と書かれていることだろう。

ヴェラその*1*

自己憐憫に浸る飲んだくれ

リビングからキッチンへ向かってガウンを整えながら、ヴェラは自分の体を完全にコントロールできていない気がした。悲しみにくれ酔っ払っている。酒を飲み始めた時の気分はアルコールで増幅されるといつもヴェラは言う。幸せならさらなる満足感と喜びにつながるし、怒りや失望も増幅される。

土曜日の夜、ヴェラと夫のマルクスは夕食をとったところだった。すべて順調で、家族が揃い、ペッパーステーキのパセリバター添えとローストポテトを食べた。長女が美味しいサラダを作り、夫婦はワイン1本をシェアした。

ヴェラはストックホルム中心部に事務所を構える大手法律事務所のパートナー弁護士だ。車道には新車が2台、食費は充分、まとまった休暇も取れる快適な暮らしだ。土曜日の夜はその夜のように過ごすか、友人夫婦とカップル同士でワインセラーからマルクスが選ぶ高価なウイスキーかワイン片手にディナーを楽しむことが多い。料理はたいてい夫の役目だ。凝った料理を作り、土曜日の朝には早くもマリネや煮込みの準備を始めたりする。ヴェラは料理にはあまり興味がないが、食欲は旺盛だ。

夕食後、子供たちはスマホを片手にそれぞれの部屋に向かった。夫はソファに座り、ヴェラは引越してきた10年以上前にリフォームすべきだったバスルームに入っていく。タイルや洗面台はおそらく70年代のものだろう。でも今では自慢の空間となっているキッチンの改装を優先した。彼らにとってはリフォームされた立派なキッチンの方が格上で、バスルームはあるもので充分だと思ったのだ。

ヴェラは黒のジーンズと濃紺のTシャツを脱ぎ、新品の下着だけを身につける。美しい下着が大好きなのだ。厚手の白いガウンを羽織り、バスルームを出るとはにかんだ笑顔で夫のもとへと歩き出す。ワインのおかげでいつもより少し大胆だ。スキンシップをとりたいと態度で示そうとする。結婚した夫婦がセックスをしなくなるとか、性生活がつまらなくなり、どちらもセックスを望まなくなるなどの言説を彼女は受け入れるつもりはない。それっぽいムードを作り出すことはさほど難しいことではない。情熱とセックスアピール、セクシーな下着と遊び心はヴェラそのものなのだ。

誘うような笑みを浮かべてソファに滑り込み、夫に近寄る。願わくば自分が求めているのと同じくらい、夫からも求められたい。ガウンのベルトを軽く外し、胸を露わにする。興奮し、いたずらっぽい気分になる。胸元の開いたガウンの奥に隠されたところを見てもらいたい。夫の太ももに軽く手を置く。しっかりと、そして優しく。

「きれいだよ、ヴェラ。君が欲しい」それが夫から聞きたい言葉だ。寝室へこっそり入り、ドアに鍵をかけ、自分たちだけの時間を過ごしたい。子供たちは自室でスマホに夢中になっていて何も気づかないだろう。彼らももう大きい。自分のことは自分でできる。ことが終わったら夫婦でソファに戻り、土曜日の映画の続きを見る。満たされた幸せな結婚生活を送る。20年目の今も互いを求め合っていると確信する。それが望みだ。

パートナーシップを変える瞬間

だが、そうはならない。

それどころかヴェラが目の当たりにするのは太ももに手を置いた瞬間、リラックスしてテレビを見ていた夫が一瞬にして豹変する姿だ。たじろいだ夫は声を荒らげて言う。

「いったい何をするんだ?」

険悪な雰囲気ではなかった。その日は昼間からくすぶっている問題など何もなく、すべては順調だった。ヴェラが理解できないまま夫は続ける。

「お前は完全に病気だ。異常だ！　俺がいつでもできて、ヤリたがる若者だとでも思ってるのか？」

息つく暇もなく言い切った。

「医者にみてもらえ、ヴェラ」そう付け加えると、ヴェラの手を乱暴につかんで押しのけた。

聞くに耐えなかったが、言いたいことは伝わった。自分は〝病的で異常〟なほど〝飽くことのない性欲の持ち主〟。それが夫の考えだ。しかも今回、夫はただほのめかすだけでなく、さらに踏み込んで、妻を求めていないと伝えてきた。いつもしたがるのは何か問題があるのだと。もちろんいつもではない――だが、夫に対して度々感じているのは、夫はヴェラがしたいことに興味がないということだ。

ヴェラは身体的にも精神的にも不安定になる。安全な場所にいると思っていたのに、その安全が突然恐怖に取って代わられた時のように。夫の機嫌の悪さがゼロから100になるのは今回が初めてではない。これがいつもの反応で、すぐに怒りをあらわにする。

厳しい言葉を浴びせ、暴言を吐き、電光石火のごとく感情が浮き沈みする。その結果、ヴェラは常に身構えるようになってしまったのだが、それも今は何の役にも立たず、いきなり平手打ちを食らったような気分になっていた。付き合い始めの頃は腹を立てていた。悲しくなり、話し合って理解したかった。だが、年月が経つにつれてあまり気にしなくなった。話し合って解決しようとしても大抵は無意味だからだ。

何も言えず、黙り込むしかない。涙が流れ、とっさに振り返ってバスルームの方へ向かった。どこへ向かえばいいのかわからないかのように、足取りがおぼつかなかった。バランスは失われ、すべては台無しだった。

夫はもっと酷い態度をとったこともあったが、今回は何かが違う気がする。いつもよりきつい。夫の怒鳴り声が子供たちに聞こえるほどだったこともわかっている。子供たちも何を意味する言葉だったか理解しているだろう。それでも誰も部屋からは出てこない。もちろん、聞かなかったことにした方がいい。父親が母親をセックス狂だと非難した時、何を言えばいいのだろう。

どんなパートナーシップにも、すべてを変えてしまう瞬間がある。関係性が深まり、親密さが増す瞬間もある。愛が深まり〝永遠に２人〟という気持ちが強まる時もあれば、関係が少しずつ蝕まれ、愛が徐々に消えていくこともある。そして、愛情が打ち砕かれる瞬間がある。その夜はそんな瞬間だった。

絶え間ない苦痛はすでに何年も続いていた。自尊心を傷つけられ、嘲笑され、見下されもした。その晩、取り返しがつかないほどあまりにも多くのものが壊された。この瞬間が夫婦関係の行方を永遠に変えることとなった。

ヨーアルその*1*

実はいい夫婦だったのに

離婚届に署名がされ、提出されると、グレタが新たにアパートメントを購入し、ヨーアルが家に留まることになった。2週間もすれば子供たちは別々の住所に暮らす親を持つことになる。夏至まであと1カ月、ヨーアルもグレタも夏休みがどうなるのか見当がつかない。毎年、家族や友人と過ごす夏至祭をどう祝うのか、それぞれの家族と別々の場所で祝うのか。実際には何かあったわけではない。16年も経てばたいていの関係がそうなる程度に2人の生活は順調だった。グレタは素晴らしい母親であり、愛情深い妻だった。穏やかで賢く、魅力的だからこそ、ヨーアルを悩ませた。それがヨーアルの罪悪感や不安を募らせ、優柔不断にさせた原因だった。

2人の家庭を揺るがしたのは結婚生活の外にあるものだった。名前はハイジ、ヨーアルの同僚だ。彼女と出会ってからグレタとの結婚生活はもはや続けたいと思えるものではなくなってしまった。突然、死んでいるように感じたのだ。同時に、もしハイジが現れなければそれまでの生活を振り返ることもなかっただろう。

しかし決断は下された。子供たちとそれぞれの親族には報告した。生活基盤も整った。ハイジとの新しい生活をスタートさせ、彼女と人生を歩み始めるのをヨーアルは期待せずにはいられなかった。

セックスは〝それほど大事じゃない〟

すべては1年以上前に始まっていた。ヨーアルとグレタは結婚して13年、付き合い始めてから16年になる。彼は軍の少佐としてヨーテボリ駐屯地で、妻は政府機関で経理担当として働いていた。15歳と11歳の子供がおり、一家はヨーテボリ郊外のヒシンゲンの閑静な住宅街に住んでいた。

大きな衝突もなく、結婚生活はうまくいっていた。子供たちは健康で、立派なマイホームもある。ヨーアルの稼ぎはよく、結婚後のほとんどの期間、妻より忙しく仕事をしてきた。妻は常に家庭と子育てに対してより大きな責任を担い、仕事量を控えてきた。それでちょうどいいと思っていた。2人にとってこの役割分担は完璧に機能してきた。

ある金曜日の晩、ヨーアルが仕事から帰宅すると妻は夕食の支度をしていて、彼はサラダをなんとか間に合わせた。ヨーアルがワインを開け、4人でテーブルを囲む。11歳の子供が学校での一日を熱心に語り始め、その話に笑わずにはいられなかった。

その晩は、皆でテレビの前で過ごした。子供たちは自分のスマホに没頭し、グレタは紅茶を紺色の巨大なカップに注いだ。10時頃、彼女は寝室へ上がってしばらく読書をしてから眠る。ヨーアルは起きていて、テレビで映画を見終わるまでにワインを2杯おかわりする。もうグレタと同じタイミングで寝ることはない。防衛本能だろう。寝室へ上がった時にグレタが寝ていれば拒絶されたことにはならない。だが、同時にベッドに入っておやすみなさいを言い、妻に背を向けられると、消えた夫婦の性生活を思い起こすことになる。

そのことを考えない限りほとんど問題はないし、これが2人の夫婦関係なのだ。ベッドでは眠る以外のことはほとんど何もしない。もう何年もそうだ。以前は積極的にスキンシップやセックスができたが、やがて気まずく感じるようになった。妻から快く受け入れてもらえず、自分が望んだわけでもない主導権を握らされてますます自分がセックスに取りつかれた野獣のように感じた。拒絶されるととても辛くなり、もうやめたほうがましだと思った。グレタにとっても辛かったろう。口には出さないが、自分が望まないことに夫の期待を感じるというのは。

妻に申し訳なさを感じ、また自分自身、情けなかった。性的な波長が合わなくなって久しい。別々の時間にベッドに入るようになると、何年もかけて彼の自尊心も失われていった。自信がなかったわけではないが、自分に魅力があるとは思えない。女性に強く求められるとか、性的な魅力があるとは感じられなくなった。

妻はかつて「セックスは私にとってそれほど大事じゃない」と言ったことがあった。前のパートナーとも、セックスの優先順位は高くなかったとも言った。ある時、自分を選んだヨーアルは〝外れくじ〟を引いたと自虐的に語ったこともあった。

セックスはそれほど重要である必要はないと思う一方で、全く興味がないというのは残念だとヨーアルは思う。最初の頃は、ほかの付き合いたてのカップルと同じようにセックスをしていたが、交際が続くにつれ、性生活がどんどん減っていくのは自然なことだと妻は言った。

「前は自分のことだけ気にしていればよかったし、時間はいくらでもあった。でも子供たちが生まれ、マイホームを買って、残業続きの夫がいる生活になったから」と。

ヨーアルは、妻が昔のパートナーともセックスをさほど楽しんでいなかったのだと自分を慰める。自分が嫌悪感を抱くような相手だとそれほど感じずに済むからだ。

妻からの「ノー」

翌日は土曜日だがヨーアルは出勤した。帰宅し、家族揃って食事をしてからテレビを見る。グレタは10時に就寝し、ヨーアルは12時まで起きている。その日はソファから立ち上がって歯を磨き、ベッドに滑り込むまでにワインを3杯飲んだ。すでに深い眠りについた妻を見つめる。15年以上、愛してきたし、今も愛している。ベッドに横たわり、静かに、じっと2人の年月を思い出す。子供が生まれる前のこと、妊娠中、子供の幼児期。てんてこ舞いの乳幼児期は過ぎ去った。2人は良い人生を送っている。いつも楽しい時間を過ごし、息も合っていた。彼は働き、妻は家を守ってきた。肉体的なことに関しては息が合わない時もあるが、それ以外はうまくやってきた。

ヨーアルは疲れきった自分たちの性生活を考えると胸が締め付けられる思いだった。妻は「あなたにとって大切なことだから、あなたのためよ」と、率直な気持ちを話してくれた。ヨーアルは妻の言葉にうんざりする。夫が夫婦としての性生活を望んでいると感じるから妻はセックスに応じるのだ。しかし問題は、妻が望んでいないことだ。

彼は妻が望んでいないと知っている。だからできない。自分の性欲を恥ずかしいと感じ、自分を欲情した愚か者のように感じている。セックスレスになると、どういうわけかセックスの重要性は増す。〝その状態〟が精神面に様々な影響を与えていると気づく。ネガティブな意味で。彼は拒絶された気分になる。見苦しい。「あなたのためならできる」という妻の言葉が、問題の本質を突く。射精することが大事なのではない。妻に求められること、自分が妻の興味関心を引き付ける存在であること。誰かが自分を好きでいてくれること。そうでなければ、セックスは誰かのそばでマスターベーションをするようなものだ。一方、妻にとってセックスは妥協して夫に歩み寄り、自分を捧げる覚悟のいる愛情表現なのだ。

悲しいことだが、そこまでしてしたい行為ではない。

だから2人の性生活は終わった。ある意味、妻が自分たちのためにそうしたのだ。「したくない」と言い、それに対して夫がどう思うか、尋ねるような話し合いはなかった。直接的には実力行使ではないが、実質的には同じだ。妻の「ノー」という決断が夫婦の性生活を終わらせたのだ。

ヨーアルはしばらく暗闇の中で起きていた。ようやく眠りに落ち、目を開けると晴れた日曜日だった。朝食を一緒に食べ、末っ子をサッカーに送り出す。一家は楽しい一日を過ごし、子供たちは眠りにつく。妻もいつものようにベッドに入る。1時間後、ヨーアルも眠りにつく。心地よく、穏やかで充実した日々だ。ずっとそうだった。

月曜日になり、駐屯地のヨーアルの部署は、彼の人生を変えることになる研修期間を迎える。

心理学者アンジェラその*1*

夫の不倫

夫が不倫をしていて、その事実が明らかになった。私も家族も知った。友人や近所の人たちは知らなかったが、知る必要もなかった。質問攻めになることに耐えられなかったし、悲しみと怒りで身動きがとれなかった。自分たちの古い写真を見返し、どれくらい嘘が続いていたのか悟った。夫に尋ねた。

「お願い、ありのままを話して。知ってしまった今ではもうどうでもいいことだから」

それでも夫は否定し、それほど前からではないと主張した。肉体関係はないとも。夫の返事は何の役にも立たなかった。そしてあのケンカ……彼女との関係を正当化するためだったのだろう。夫は何度も「アンジェラ、君と一緒に暮らすのは限界だ」と言った。まるで哀れみをかけてくれている夫に私は感謝すべきかのように。もちろん、それが支配の醜いテクニックだと気づいていたが、夫の言葉は私の内部に入り込んだ。皿洗いをすれば「今やることか？」と言われ、翌日、他のことに時間を費やせば、皿を洗わなかったのは怠惰だと言われた。夫に言わせれば、私は何をしてもダメなのだ。

その時もうすでに不倫相手と出会っていたのだろう。私たち夫婦の近しい知り合いにはもう少し詳しいことを知っている人もいるようだったが、不倫相手の彼女でさえ、いつから始まったのかはよくわからないようだった。私はいつからだったのか、どうしても知りたかった。私は嘘の中で生きていたようなものだったからだ。あのパーティーの時は、もう夫は不倫相手と付き合っていたのだろうか？　オーランドの別荘にいた時は？　ベッドで横になっていた時、彼女とすでに関係があったのだろうか？　心底、裏切られた気分だった。一体、現実の中にいくつ真実があったのだろう？　私が生きていたのが見せかけの現実だったことは、もうわかっている。その一方で、夫と不倫相手の現実は本物だった。それに誰が知っていたのだろう？　夫の秘密を知っている人が周りにいたことがとても悲しかった。なぜ誰も言ってくれなかったのか？　彼らは私を守ろうとしたのだと考えるべきだろうか。それとも、守っていたのは夫だったのだろうか。それとも自分たち？

夫はすでに、なにもかもが新鮮で刺激的な場所に足を踏み入れていた。私は年を取っていて、かわり映えしない存在だった。長い年月で私とうまくいかなかったことや、様々な裏切りで私を傷つけたという負い目なども含めて、すべてで私は夫をご機嫌にしてあげられなかった。恐らく、私は夫をなりたい自分にしてあげられず、しかも、それは私の責任ですらなかった。

だから夫は彼女と新たなスタートを切った。セルフイメージを含め、夫の多くの部分が新たなチャンスを得たのだ。

不倫を理解するための旅路で、インターネットが最初の停留所となった。不倫はどんな考えや感情と結びついているのか？　不貞行為に関連する語で何が最も多いかグーグル検索で調べてみた。出てきたのは「不倫　許す」「不倫の兆し」「男性の不倫の原因」「不倫　統計」「長引く不倫」「不倫　メール」「不倫専用サイト」だった。次に、不倫や浮気という語で検索してみると、「同棲相手の浮気」「同僚との不倫」「数回の不倫」「パートナーに対する浮気」「夢の中の不倫」「上司との不倫」などがヒットした。これらが検索される背景には相当な不安があるに違いない。グーグルではパートナーの不倫疑惑（「不倫の兆し」「不倫　メール」「男性の不倫の原因」）に関する答えを探している人もいる。また、不倫の機会を探る人もいる。不倫専用サイトだ。過去の不貞行為に苦悩する人（「上司との不倫」「同棲相手の浮気」）、許すか別れるかを考える人もいる（「不倫　許す」）。つまり、何らかの形で不貞行為の影響を受けたすべての人が集まっている。私のようにパートナーに不倫されている、またはされていた人ももちろんだ。

不倫や浮気の統計

次に不倫や浮気の統計を見てみることにした。昔と比べて、より不倫をするようになったのか、あるいは減ったのか。ヨハンの曾祖母は当時、例外的だったのだろうか？　それとも比較的一般的だったのか？　確かに婚姻制度が確立されて以来、姦通罪（不倫はしばしばこう呼ばれた）が存在してきたのは事実だ。聖書でも2つの戒律があるほど大きな罪と見なされてきた。1つは「姦淫してはならない」という不貞行為に対する戒めで、もう1つは「隣人の妻を欲してはならない」という考えることすら禁じるものだ。もちろん昔は教会の役割が重要だったが、当時も今も戒律は人が誠実であり続けるか不貞に踏み切るかに決定的な影響を及ぼしてはいないようだ。

以前はスマホでこっそりとデートの予約をすることはできなかったが、どうやらそれでもうまくいっていたようである。1920年代の研究結果によれば、既婚男性の28％、既婚女性の24％が結婚後に不倫をしたことがある。１９４０年代後半から１９５０年代前半にかけては、男性の約33％、女性の約26％が不倫をしていた。１９７０年代には男性は41％、女性は25％。１９９４年から15年間にわたり１万９０６５名を対象に行った追跡調査の結果は、男性の浮気率は28％、女性は15％となっている。調査によって数値は多少異なるが、未婚カップルの30～40％、婚姻者の約20％が少なくとも１回は不貞行為をしているようだ。さらに時代をさかのぼれば、一夫一妻制が存在する限り不貞行為は存在し、世界中どの大陸でもどの時代でも、不貞を働いた者には刑罰があり、何らかの制裁を受けてきた。

そのため、１対１の関係だと思っていたのに違っていた、という人は私以外にもたくさんいる。だからといって、その事実が私の傷を癒すわけではない。

夫が不倫相手といつ出会ったのかという疑問が頭から離れなかった。それが分かれば平穏が得られる。少なくともそう思っていた。

真実が明らかになったその日の午後のことをよく覚えている。子供たちは学校に行き、私は１人で食欲もなくのろのろと昼食をとっていた。考えがまとまらない中、夫の行動には分岐点があったことにふと気づいた。あの休暇明けに何かが変わったのだ。ＳＮＳ

がそうだ。子供たちの誕生日、クリスマス、夏至祭、長期休暇、オーランドとフィンランドにある別荘での写真を夫はいつもシェアしていた。だがそれを避けるようになった。突然、何もシェアしなくなり、夫が写っている写真を私がアップすることも嫌がるようになった。夫の誕生日に私と2人だけで食事に出かけ、レストランで撮った幸せそうな写真をアップしていいか尋ねた時、いつも通り「いいよ」と返事したと思い私は写真をアップした。夫は喜ぶどころか、動揺していた。その時すでに不倫相手との交際を始めていたからだろうと、その日気づいた。夫はきっと夫婦関係はもう冷め切っていて、離婚調停中だから自分は自由な身だとでも彼女に伝えていたのだろう。それはその方が聞こえがいい。そういうことだったのだろう。

あの誕生日の写真事件から数週間後、私の生活は狂い始めた。日時や場所の辻褄が合わなくなった。情報は改竄(かいざん)され、言葉はすり替えられ、説明は合理的というより理不尽だった。それともあれは、私の気のせいだったのだろうか?

ヴェラその2

初めての相手との結婚

マルクスはベッドに入る。子供たちはまだそれぞれの部屋にいて、ヴェラはバスルームにとり残されている。トイレのふたの上に座ったヴェラは、白いガウンが便座の両脇に垂れ下がり、着崩れた姿をした鏡の中の自分を無気力に見つめている。そうしたいからではなく、たまたま鏡が目の前にあったからだ。屈辱的で惨めな気分だ。夫の侮辱的な言動が体の芯まで届き、口の中では苦い味さえする。恐怖と血の味だ。ヴェラにとって、自分の体が喜びの源だったことはない。子供の頃から、特に思春期には自分の体重を恥じてきた。自分を魅力的だと感じられるのは着飾ってメイクをし、お酒で自信をつけたほんの一瞬だけだ。そんな時でも、自分のすべてを肯定できず、顔の一部や足元、つまり膝丈のスカートの下からはみ出る部分だけしか認められなかった。太もも、お腹、鼻はダメ。自分を誰かから求められるような人間だと感じたことはなかった。

マルクスは初めてのボーイフレンドだった。最初に出会ったというだけで夫と結婚したのだろう。深い絆を感じたというよりも、他に誰もいなかったという偶然の産物だった。ちょっとした気配りや感謝で彼女は夢中になった。誰かのガールフレンドだと言えることに浮かれていた。「彼と今日、食事に行くの」と言えることに。もしかすると自分の自信のなさが夫を夢中にさせた一因だったのだろうか、とヴェラは考える。ヴェラの優柔不断で情緒不安定なところは夫をより強くさせ、彼女の弱さがより扱いやすい存在だと夫に思わせたようだった。ヴェラがダイエットを試みた時、夫は突然、彼女の好きな料理をすべて作った。ありとあらゆるものすべて。毎日。ある意味、相手の好きな料理を作るのは思いやりだと思うかもしれない。だが、相手が痩せようとしている場合、邪魔をしているのと同じだ。

涙をこらえることができず、黒いマスカラが頬をつたって小さな黒い川を作った。ある程度、落ち着くとキッチンに向かった。孤独と拒絶、必要とされていないという感覚。ガウンの下に一番上等な下着をつけているのに夫は彼女の手を太ももから乱暴に押しのけた。セックスやスキンシップを求める妻の〝異常な〟欲求を専門家に相談しろと全力で拒絶した。夫との仲睦まじいひと時が訪れる期待は失われた。ヴェラは赤ワインを飲み干し、舌にざらつく味を感じ、さらにおかわりをする。半分残ったまま、テーブルに置かれた夫のグラスも飲み干す。悲しくなり、体がよろめく。涙はちょっとしたきっかけでまた溢れ出しそうだ。泣くのを抑えることに集中しようとする。キッチンで座って泣くのは嫌なのだ。子供たちはまだ起きている。

夫に人生の20年間を捧げてきたのに、夫はヴェラに興味を示す素振りさえない。しかし怒りは感じない。怒りは過ぎ去り、今感じているのは別のものだ。

何度となく夫は彼女のせいだと思わせてきた。でもその夜、受けた屈辱は行き過ぎだ。幼い頃からのコンプレックスが疼きだし、心の奥底で祈りのマントラのように繰り返されている。夫にも求められないほど自分には魅力がないのだ、と赤ワインをもう一口飲みながら思う。それに、夫の態度1つで心のバランスが完全に崩れてしまうなんて、ヴェラにとってマルクスは一体どんな存在なのか？　どうして夫にそんな影響力を持たせてしまったのか？　夫は掃いて捨てるほど弱みがある、みすぼらしくて情けない男だ。ヴェラはシンクの方を見る。ローストポテトが入った大きな黒い皿の横に皿が4枚積まれている。洗い物は明日にしよう。

何かが死んだ日

2人は様々なことで衝突してきた。性格が全く違う。似ている者同士が最も相性がいいとは限らないが、夫とは違いすぎると彼女は言う。ヴェラは夜型で、ルーティーンに飽きやすく、自然のなりゆきに身を任せる余白を持ちたい。夫は多くの点で正反対だ。週末の予定が月曜日までに決まらないとストレスを感じ、ヴェラに計画性がないと言う。2人が一緒にいられるのはなぜなのか、彼女は考え続けている。要はマイホームを持ち、住宅ローンを抱え、3人の子供がいるという事実だけなのだろうか?

彼女は夫よりも性欲があるし、好奇心旺盛だ。夫は新しいことを試すのがストレスで、苛立ちさえする。セックスでも他のほとんどのことでもそうだ。彼女がソファで夫のそばに横になると、夫は体を硬直させて緊張する。親密さはストレスになるのだ。「何がしたいんだ?」とキレることもある。

ほとんどの場合、ヴェラが望むのは純粋な親密さであり、それ以上のことではない。心身ともに満たされるひと時を過ごせれば充分なのだ。なのにムードが突然、怒りに変わることもある。ヴェラがベッドでおかしな横たわり方をしていると思ったとか、ちょっとした何かが夫を苛立たせる。それでもイライラが最悪の事態ではない。最も耐え難い瞬間が、夫への信頼を完全に打ちのめしてしまった。夫婦が何度も悲惨な経験を繰り返してしまうと、共に解決する自信を取り戻すのは難しい。夫婦関係への期待は砕け散り、一緒に居続けたいと思っている相手には決してしない方法で夫はヴェラを失望させた。夫は気づいていないのか、気にしていないのか。いや、無自覚だったという部分は撤回する。理解していたはずだ。5歳児でもわかるだろう。

一度、真ん中の息子が突然病気になり、緊急手術が必要になったことがあった。ヴェラが息子を連れて病院へ向かうのと同じ頃、夫はスキーリゾート地のオーレ行きの飛行機に乗るため、3人の友人とアーランダ空港へ向かうタクシーの中にいた。ヴェラから電話で病気のことを聞かされたのに空港に向かった。タクシーに引き返してもらい、ストックホルム南総合病院でヴェラと息子と待ち合わせることもできたはずだ。夫が引き返そうとしないことを知ってヴェラは「旅行に行こうなんて考えないで」と脅すように言ったのに夫は出発した。緊急事態にもかかわらず、2時間、連絡が取れなかった。再び電話をかけると数百キロも離れたエステルスンドの空港だった。この選択は結婚という棺に取り返しのつかない釘を打つことになった。その時、ヴェラの中の何かが死んだのだ。あれ以来、夫に以前と同じ感情を抱けなくなった。似たような裏切りをそれから何度も経験してきた。

夫婦関係を丹念に振り返ると少しめまいがした。ワインのせいか、それとも考えたことのせいなのか？　ヴェラは自分が望んでいない関係にあることをそれまで以上にはっきりと自覚した。もはや受け入れられない関係。めまいはそのせいだろうか？　気にかけるのも面倒だ。拒絶され、侮辱されたのだ。「自分はダメな人間なんだ」と「もっといい人がいるはず」の間で揺れる。もし彼女の人生がテレビドラマだったら、やはりこの相反する気持ちの間で揺れ動くことになるだろう。「いかなる人もこんなにひどい扱いを受けるべきではない」という認識と自信、そして「私はもっといいものを受け取る価値があるのか。愛される価値があるのか」という諦めに似た疑問を繰り返す。

苛立つ夫と不当な扱い

ヴェラはワインボトルを手に取り、グラスに半分だけ注ぐ。赤ワインは舌にざらざらとした感触を残す。水を飲むべきだと思ったが、飲まなかった。

心の中でヴェラは夫からの不当な扱いについて考え続けている。思考を止めることができず、周囲で何が起ころうとも、機関車のように決然と容赦なく考えを進めていく。

夫はいつもイライラしている。耳の奥に夫の愚痴めいた辛辣な声が聞こえてくる。食器洗浄機の使い方がおかしい。掃除機のかけ方が違う。お前はミスばかりだ。彼女はやがて真に受けたり怯えることをやめ、代わりに怒った。父親がよく使った言い回しでは〝ケンカを買った〟。夫がどう反応するかなど気にも留めなかった。さらに数年が経つとそうした激しい衝突が生じることはほとんどなくなった。煩わしいし、意味がない。一方、夫と子供たちとのケンカ、特に真ん中の息子との軋轢（あつれき）は大きくなっていった。彼らは文字通り、立って怒鳴り合う。もはや対応しなくなったヴェラを巻き込もうとする。だが、彼女はそこに入らず、目をそらして座ってコーヒーを飲む。巻き込まれたくないのだ。

「こいつが何を忘れたかわかるか?」と夫は息子を指してヴェラに叫んだりする。

夫は何でも批判する。子供たちの部屋も、掃除の仕方も、服装も、話し方も。長男は疲れて呆れた顔をする。夫はひどく怒るとヴェラを巻き込もうとする。そして突如としてヴェラが言ったこと、やったこと、あるいは彼女が言わなかったことやらなかったことまでケンカの種にする。「どうしていきなり私を槍玉に上げるの」と彼女は思う。しかし、その時にはもう夫は激昂していて手をつけられない。その日の気分によってはヴェラは返事をせず、どこか別の場所へ行き、腰かける。そんな夜は1人でワインをボトル1本飲み干す。夫のせいで破滅的なアルコール依存の道に引きずり込まれそうだと感じ、「二度とこんなことはしたくない」と後悔する。その日もまた酒に酔い、悲しみにくれている。酔っている時ほど何もかも悲劇的に思え、すべてがうまくいかず、さらに誤った選択をしてしまう。2人の人生について考えれば考えるほど、こんなことがあっていいはずがない、思い描いていた人生ではないと感じる。

例えば、レストランで家族全員分の注文をするのは夫でなければならない。各自が何を食べるかを夫に伝え、メニューを置く。そうしないと「ああ、まだ決まらないのか」とちょっと不機嫌になる。それから「ここは任せろ」と言わんばかりに、家父長的かつ権威的な態度でウェイターとやり取りをする。ヴェラや子供たちが注文の途中で「あ、パルメザンはいらないんだけど」などと言い出したらすぐに苛立ち、「まだ決まってないようだ。戻ってくれ」とウェイターに指図する。

なんて恥ずかしいんだろう。考えるだけで恥ずかしくなる。その後、改めて注文する際は「さて、また注文するか。今度こそ、全員決まったよな」となる。ヴェラの言うところの〝体裁〟が夫にはとても大事なのだ。何としても体裁は保たなければならない。

男である自分が支払っているように見せるため、ヴェラのカードを使ったことも何度もある。そうでなければ帰り際に「後で振り込んでくれ」と吐き捨てるように言う。夫は自分たちが対等な関係だと信じたいようだが、残念ながら行動が示しているのはそうではないということだ。ただ、夫はそれが受け入れ難い。

夫婦のパワーバランス

「決めるのはいつも君だ」と夫はよく言う。

「だったら、いつそうだったか言ってちょうだい」とヴェラが反論する。

いつかの夏、夫はあるビーチに家族で行きたいと言った。食べ物も飲み物もトイレもあるきちんとしたところだ。ヴェラは何もない自然の美しいビーチにどうしても行きたかった。その時だけはヴェラも主張した。夫の意見は違ったが、彼女が提案したビーチに行くことになった。夫は不機嫌を隠せなかった。

「今回もまた母さんが決めたんだ。もし父さんに任せてくれていたら、みんなであっちのビーチに行けたのに」と子供たちに認めてもらいたがった。「アイスクリームを買って、ミニゴルフをしようと思っていたんだ。でも、母さんがここに来たがっていたから、それができなくなったんだ」

ビーチに腰を下ろすと風が強くなってきた。泳ぐには寒すぎるのでヴェラは荷物をまとめて帰ろうと提案した。夫はそれを絶好の機会と捉えた。

「いや、残るよ、やっと来たんだから。ここに来たがっていたのはお前だろ」と見せつけるように帽子を押さえながら、必要以上にぎこちない感じで言った。風と寒さを味方に、密かに勝利に酔いしれていた。ヴェラの負けだった。彼女のビーチの提案は失敗に終わり、夫が正しかったのだ。

夫はヴェラに非があると主張するため、抗議としていろいろなことを放棄することがある。苛立っていることを示すため、あるいは自己憐憫に浸るために。夕食の準備を終えた後、こんな一言とともに夫は食事に加わろうとしない。「おい、お前たちはそこでご馳走を食べているのに、俺は1人で腹を空かせてるんだ」

ヴェラは気にするのをやめた。以前ほど夫の機嫌に左右されはしない。

自分と子供たち3人を指し「じゃあ、今日は4人で食べましょう」と答える。

「ねぇ、マルクスもこっちに来て一緒に食べましょう。あなたも食べなくちゃ」とは言ってやらない。相手は大人なのだ、食べたくないなら食べなくていい。ヴェラが夫の収入を追い越した頃、何かが変わった。苛立ちが募り、辛辣な言葉が頻繁に飛び交うようになった。気まずい感じにならないよう、仕事の話題さえできなくなってしまった。たとえそれが極めて無邪気な一言であっても、彼女が月曜日に仕事でやらなければならないことを口にすれば、夫は「確かに俺たちは君ほど重要な仕事はしていないからな」とイライラとした口調で非難する。

夫婦での比べ合いが始まっていた。誰が一番必要不可欠か？　夫は延々と絶対的な優越感と完全なナンセンスの間で堂々巡りをする。だから変わることもない。一緒に買い物をしている時に「俺はいる意味ないから先に家に帰るよ」と言い出したりする。

ヴェラはこれ以上思い出すのをやめる。1つの出来事が次の記憶を呼び起こすが、思い出されるのは決してきれいなものではない。一番つらいのは、夫の言葉の中で大丈夫なものとそうでないものの境界線がどこにあるのか、自分でもよくわからなくなってしまったことだ。不幸の中で長く生きているとそうなるのだと感じる。

ヴェラはサラダボウルを取り、シンクに向かう。ラップを取り出し、サラダを覆って冷蔵庫に入れる。空になったワインボトルを慎重にシンクの下にあるガラス専用の分別ゴミ箱へ入れる。夫や子供たちが寝てしまったかどうかはわからないが、洗い物で音を立てたくない。寝室に入り、充電器からノートパソコンのプラグを抜き、リビングルームに持っていく。ソファに座り、コーヒーテーブルの上に足を乗せ、パソコンを開け、新しい生活への第一歩を踏み出すことにする。

ヨーアルその2

職場での出会い

駐屯地での研修は月曜日の朝8時から始まる。ヨーアルは馴染みのない同僚の隣に座った。見覚えはあった。2人は職場が入っている巨大なビルの同じ部署で知り合い、別の部署で一緒に働いたことがある。魅力的で頭の回転が速く、カリスマ性があって離れ難い女性だとすぐに気づいた。ヨーアルは他の同僚、特に男性陣が自分と同じように彼女に惹かれていることに気づいていた。彼女は知的で、目的意識が強く、気さくで誰に対しても愛想がいい。

名前はハイジ。

研修初日、2人は初めて言葉を交わす。研修最終日の金曜日、彼女のことが頭から離れなくなっている。ランチに誘うのは無茶だろうか、と自問自答している。ヨーアルが帰宅し、ジャケットを脱ぐと週末が始まった。その日の夕食の準備をしようとキッチンに立つとSNSでハイジから友達リクエストが届いた。温かな波に襲われてすぐに返事を書く。「ちょうどリクエストを送ろうと思っていたところだったけど、先を越されたよ」サルサソースの瓶を片手にキッチンに立ったまま、おかしなほど嬉しくなっている自分に驚く。実際の天気とは裏腹に、その日はいつにも増して晴れやかな気がした。翌週の水曜日、会うことになった。研修で出会ってから5日目、急に気まずい気がしてきた。

当日、ランチは混雑しており、2人がけのテーブルに座る。出身地や学歴、いつからあそこで働いているか、そんな話で盛り上がる。ランチの後、混雑したレストランを出て散歩をしていると、ハイジが新しいアパートメントの契約書にサインするために早退した日のことを思い出した。研修の場を出る時にハイジは「私、離婚するの」とささやいたのだ。

散歩に出た2人は夏真っ盛りの水辺を歩いていた。細心の注意を払って彼女の離婚について尋ねた。順調か、大丈夫か？　その会話が2人の距離を縮めた。肉体的にではなく精神的に、互いの中でピンとくるものがあった。

ハイジの離婚理由

ヨーアルは申し分ない生活を送っていたが、夫婦関係は冷め、無気力な結婚生活を送っている。退屈でうんざりしている。しかし離婚という選択肢はなく、妻のグレタと生涯を共にすることを思い描いていた。それなのに散歩の途中で、この同僚が自分にとっての必要なビタミン注射になるかもしれないことに気づいていた。前向きな日々を送るのに必要な燃料。新たな活力と、人生をもっと活き活きとしたものに感じさせる力を与えてくれる。最初のランチの後ですぐにも「彼女が必要だ」と思っていた。

メールで楽しいランチのお礼と、会話を続けるために彼女の一日についてのどうでもいい質問をする。彼女もヨーアルが気になっていたようで、メールのやりとりはすぐに熱を帯び、あっという間にあからさまな口説き文句へと変わっていった。惹かれあっている空気が漂い、思わせぶりな言動が徐々に大胆になっていく。まさに火遊びだ。

ハイジはまだ元夫と暮らしており、離婚手続きは着々と進んでいる。ただ彼女はなぜ離婚するのか説明できない。

最初に離婚を切り出したのは彼女だった。「もう自分の気持ちがわからない……」と。夫は妻の本当の気持ちを確かめようとも夫婦関係を改善しようともせず、すぐに考えを切り替えた。さっさと離婚手続きを進めたのだ。しかし妻が躊躇していることに気づくと、夫はなぜかパニックに陥った。彼女の決断の被害者になることは避けようとしたのだろう。妻の態度を侮辱的に感じ、彼は自ら離婚を選んだ。夫の行動にハイジは驚いた。夫は、自分が拒絶され見捨てられたのではなく、2人の離婚は両者合意の上で、あくまで自分の決断だったと友人たちに話していた。10年も一緒にいて、彼女は離婚したいのかどうかもわからなかった。もしかしたらただの倦怠期で、互いに話し合うことで乗り越えることができたのかもしれない。

ハイジとヨーアルは翌週もランチの約束をした。その日のランチはヨーアル自身も自覚していたが、ヨーアルの少しおかしな態度でスタートした。

「ハイジ、これ以上話す前に、1つだけ言いたいことがあるんだ。断っておくけど、僕は絶対に離婚するつもりはない」

2回目のランチでそんなことを言うなんて、正気の沙汰とは思えない。しかし、この言葉は2人の関係がどうエスカレートしていったかをよく物語っている。駐屯地での研修中、一目見た時からこの2度目のランチまでの間、彼の中で多くのことが起こっていた。2度目のランチまでにやり取りしたメールがこの始まったばかりの関係の火付け役となっていた。ヨーアルはハイジとの連絡に不安を覚えるほど強い感情を抱いている。あまりに心地よい、とても強い感情だった。ほとんど知らない相手なのに行く末まで恐れている。離婚は考えていないことをだからこそ彼女に伝えたかった。

「わかったわ」と彼女は答え、2人は食事を続けた。たぶん彼女は2回目のランチでそんなことを言うのは変だと思っただろうと夕方になってから考えた。それに、2人の仲はまったく何の罪もないものだ。

そうでなくなるまでは。

心理学者アンジェラその*2*

私の離婚理由

私が離婚調停中だった当時、様々な不確定要素が重く感じられた。月日は流れても、何が起こったのか夫から具体的な答えは得られなかった。夫の不倫の経緯について推論や見解を組み立てなければいけない気がする一方、全体を理解することがなぜそんなに重要なのかとも思った。夫と私は出会い、結婚し、2人の子供をもうけ、一緒に暮らし、別れたのだと受け入れることはできないのか？　夫は別の人と出会い、交際を始め、今はその人との人生を送っている、以上！　と。

もちろん、それが現実だと理解はしていた。だがどうして夫がこっちからあっちへとあんなに平気で相手を替えられるのか理解できなかった。そんな中インスタグラムで彼女を見つけたのは偶然だった。ＳＮＳで私の一挙手一投足を追っている女性がいた。彼女のプロフィール写真が目を引くものでなかったら、おそらく反応しなかっただろうが、アカウントをクリックしてみたのだ。

ゴクリと唾を飲んだ。そんなはずはなかった。

プロフィール写真に私の夫との写真が使われていた。キスする2人。夫とのツーショット。次から次へと出てくる。太陽の下で、公園のベンチで、ベッドで、ディナーで、ピクニックで。そして明らかにカメラマンが撮影したであろう2人、彼女の子供たち2人との写真。おそらく大きなパーティーでの写真だろう。幸せな家族のように見える。母と父に2人の子供たち。私の夫はまるで父親のようだった。背筋が凍った。

確かに私たちの夫婦関係は終わっていて、彼に別の相手がいることも知っていたけれど、写真は私が気づくずっと前からアップされていた。プロフィールも誰でも見られるように公開されていた。写真のスクリーンショットをとり、夫にメールした。

「なに考えてるの?」と苛立ちながら尋ねた。

長女が発見するかもしれないことを夫はどう考えていたのだろう? 誰とキスしているか、娘に訊かれたら何と答えるつもりだったのだろう?

その時は子供たちに注意をひかれ、写真に胸が痛んだが、目の前の惨状を深く掘り下げはしなかった。別荘のあるオーランド島にいたのだ。年明けの大型連休「スポーツ休み」で娘たちはスケートに行きたがっていた。別荘の目の前にある湖はスケートのためにあるようだった。クロスカントリースキーもできる。子供の頃、祖母と私はこの湖を何周も滑った。そんな幸せな記憶とは正反対の人生を生きている気がした。結婚生活は破綻した。私は氷に覆われた湖を無気力に眺めていた。1年前の同じ頃、家族4人でここに来ていた。その夫にはもう新しい生活、新しい女性、新しい子供たちがいるのだ。

ダウンジャケットを着込み、靴を履き、帽子をかぶり、手袋をはめた。子供たちはもう外で待っていた。はしゃいでいるように装ったが、内心は激しく動揺していた。何であれ、これが長年の結婚生活に対する彼の返事なのだ。私が何も気づかないうちに、背後ですでに起きていたことだ。周りの誰が知っていたのだろうかと改めて考えたが、詮索しないことにした。私は捨てられたのだ、それは明らかだった。きっと夫の浮気相手はプロフィール写真を私に見せたかったのだろう。そうやって自分が勝ったことを示したかったのだろう。夫を手に入れたことを。おそらくだが。

不倫をして新しい人のもとへ向かう夢と共に恋をし、満たされ、選ばれたことに酔いしれる人もいれば、一方で不倫や浮気をされても関係を続ける人もいる。裏切られた者にとって別れることは難しいことだし、なんて苦しいんだろう。私は不倫や浮気に関するすべてがつらく感じる。騙されることは怖いし、捨てられるのは本当に傷つく！　裏切った相手と関係を続け、信頼関係を再構築するなんて、どんな試練だろう！

それが気になり、一緒にいることを選んだカップル数組にコンタクトを取り、会うことにした。彼らはパートナーの不倫や浮気をどう感じているのか？

どこからが浮気か

その前に、科学的研究を見てみよう。

例えば20年間の結婚生活で一夜限りの関係を持つことや、何度も繰り返すことなど、不倫・浮気とみなすかどうかは様々な見解があるようだ。感情を伴わない短時間の性行為は浮気に該当しないと考える人もいる。性行為を伴わなくとも、感情を伴ったり定期的に会うことを浮気とみなす人もいる。どこで境界線を引くのか？　思わせぶりなメールは浮気だろうか？　アダルトサイトのブラウジングは？

浮気を感情的浮気と肉体的（性的）浮気の2種類に分けることがある。感情的浮気とは性行為を伴わない恋愛関係のことだ。精神的なつながりを持ち、個人的な話をしたり夢や目標を語ったり、日常の出来事を話し合ったりする関係である。親密すぎるプラトニックな関係だ。結局のところ、親兄弟を除けば、パートナーは感情的に最も親密な存在であることが求められる。とりわけ現代のパートナーシップでは精神的な親密さが重視され、パートナーは最も自己開示する相手であると見なされている。自分の感情、夢、希望、不安を分かち合う相手なのだ。もしまったく別の相手にそうしたことをするならば、〝一番重要な人間関係〟というものからピントがぶれることになる。

肉体的浮気とはその名の通り、パートナー以外と性行為をすることだ。深い感情的なつながりを持つ必要はない。一夜限りの関係や出会い系サイトを介した短いデートも含まれる。

感情的浮気は肉体的浮気よりも深刻だと考える人もいる。また、セックスはパートナー以外の相手ともするものだと考え、感情が伴わない限り、ほかでしても大したことではないと考える人もいる。これは感情的一夫一妻制と呼ばれる。しかしほとんどの人にとってセックスと感情を切り離すことは難しい。出会い系にはその両方が含まれることもあれば、どちらか一方が多かったり、もう一方が多かったりする。いずれにせよ、セックスと感情はなんらかの形で同じ箱に収まっている。交際に発展しやすいのはそのためだ。

シンプルに経験則から言うと、これから関係を持とうとしていること、あるいはすでに関係を持ったことをパートナーに話せないと感じたら、それはもう浮気である。しかし、浮気をする人の実に90％が自分の境遇のせいにして正当化する。肉体的浮気であれ感情的浮気であれ、あるいは両方の組み合わせであれ。当然だろう。人を裏切り、冷酷に傷つける人間として自分を認識するよりも、自分がしたことを道徳的に受け入れられる行為だと見なす方が楽だ。

浮気の定義

一般に認められた浮気の定義というものは存在しない。何を浮気（不貞行為）と呼ぶかはむしろパートナーと一緒に決めることだ。一方がある行為をまったく問題ないと見なし、もう一方が同じ行為を浮気と分類するような場合は共通する考えを見出さなければならない。したがって、浮気をしたことがあるかどうかという質問に対する回答の解釈はそう簡単ではない。

浮気の分類をさらに複雑にしているのは、そうした秘密の関係の多くが性行為自体というよりは性的な欲望にまつわるものだということだ。性的欲望とは相手から関心を持たれたり自分を特別だと思われることも含む。実際の行為やスキンシップよりも、ときめきや相手との間にある温度感が重要なのだ。

浮気とは責任を果たさず約束を破ることだが、前述したようにパートナーシップ全体の20〜40%が浮気を経験している。5人に1人から2人の割合である。親や兄弟、友人を慰めなければならない場面もあるかもしれない。自分自身が相手の不倫や浮気から立ち直る必要に迫られるかもしれないし、近しい人が浮気をしていることを知りながら、そのカップルの両者と親しくしなければならないかもしれない。伝えるべきか、黙っているべきか考えるのはつらいことだ。同僚の配偶者を出会い系アプリで見つけてしまうのは珍しくないことだろうが、私も知人のボーイフレンドの浮気を見つけてしまったことがある。やはりジレンマに追い込まれた。要するにほとんどの人が何らかの形で浮気を経験することになる。

ヨーアルは同僚ハイジと禁断の地へ足を踏み込む。ヴェラは夫のマルクスとの不満足な状況の解決策を考える。不倫や浮気は性質上、情熱だけでなく、パートナーに対する裏切り、嘘、隠し事も含む。実際、隠蔽は不倫や浮気の基本的な要素、基本原則の1つと見なすことができる。浮気は常に〝正式なパートナーシップ〟である交際、婚姻と隣り合わせで、その陰に存在するからだ。秘密は常に存在するし、多くの場合、その秘密が性的関心の火種となる。

秘密は胸を躍らせるものだ。自分だけの部屋のようなもので、退屈な日常や予測可能な人間関係の中で憩いの場となる。自分だけの秘密は解放感とパワーを感じさせてくれる。反骨心を抱かせると共に、自分自身でルールを決めることが自立心や規律を与えてくれる。仕事でも社会でも家庭でも、要求や期待、ルールがあるが、浮気に関しては〝誰からも指図を受けない〟のだ。

オーランドでのスポーツ休みは終わりに近づいていた。最初の頃はネットで見つけた写真に取り憑かれていたが、すぐに1枚も見たくなくなった。好奇心がピークに達すると嫌悪感に変わった。なんてひどい仕打ちなんだろう。彼女のプロフィールをもう一度開いてみたが非公開になっていた。よかった。もう何も見られなくなり、子供たちが父親のキス写真を見つけることもない。時がたてば子供たちは父親の新しい恋人を知ることになる。だとしてもSNSではなく、他に適切な方法があるはずだった。

ヴェラその3

セックスしたがらない夫

ヴェラはダークブラウンのソファでノートパソコンを膝に乗せ、背を丸めている。探していたページを見つける。離婚はしない。それは分かっている。夫のマルクスが自分を求めていないことも知っている。できる限りのことを試した。チャーミングに、ロマンチックに、セクシーに、大胆に、優しく、上品で慎重な誘い文句で夫に近づこうとした。これがダメならあれでその気にさせられるかもしれないと。しかし距離を置かれるばかりだった。

ヴェラは夫婦の在り方に長年の関係性以上のものを求めている。一方で夫は今と少しでも違うものに苛立ち、無理な要求や応えられない期待だと解釈する。努力することに疲れてしまった。歳月は流れ、自分が若返ることはない。夫や夫のニーズ、あるいはニーズの欠如に縛られた生き方でいいのだろうか。自分で生き方をコントロールすべきではないのか？

　スキンシップをとるかどうか、セックスをするかどうかは夫が決める。セックスを望まない夫が最終的決定権を持っているということだ。セックスを望まない人が強制されるべきでないのは明らかだ。だからもちろんヴェラはそんなことはしない。だが発想の転換を図ってみる。夫は自分に独身生活を強制している。自分にとって重要で、自信にもつながる肉体的な愛情表現がない人生を強制されている。夫が「ダメだ。セックスはナシ。これで満足しろ」と決めている。

　少しでも話し合う姿勢があれば状況は違っただろう。そうすれば2人は共通の問題として一緒に対処することになっただろう。

　パートナーに性的欲求がない場合、それは理解されるべきで、手を出してはならないという規範があるようだ。理解ある態度を示すこと。消えてしまった性生活を話すのもタブーに近い。ヴェラが話を持ち出すと「またお前は俺を追い詰める」という反応が返ってくる。セックス以外にも互いに歩み寄る方法はいくらでもある。だが夫は他の形も望んでいない。そもそもセックスとスキンシップとは同じものではない、とヴェラは諦めたように言う。長年満たされず、積もり積もった生理的欲求が彼女の内側でフラスト底。レーションとなっている。カップルの一方は満足して幸せ、もう一方は悲しみのどん底。ヴェラにしてみれば半分死んでいるようなものだ。

それでもセックスができ、ことが終わって夫は上機嫌でこんなことを言ったことがある。

「なぜもっと頻繁にやらないいんだろう?」

セックスのルーティーンを決めることになり、少々奇妙なことだがいつも決まった曜日の同じ時間に予定された。水曜日の10時。彼女は心の準備をする。カレンダーにはチェックの印が付けられた。しばらくすると違和感を覚え始めた。「欲しかったものは手に入ったか?」というように夫は時々、「満足か?」と尋ねた。非難ではなく、もっとおだやかに純粋な疑問として訊くのだった。

セックスは夫がヴェラのためにする作業のようになり、その度に「今のままで大丈夫」と答えるもののあまりいい気分ではなかった。夫の精力に関わることかもしれないし、もし問題があるなら話し合う必要があると思った。「あんまりセックスをしたくないみたいだけどお医者さんに相談したことはある?」と細心の注意を払いながら丁寧かつ優しく聞いてみた。叱責される可能性があることはわかっていたが、解決策を見つけるためには話し合わなければならない。だが夫はただ怒っただけだった。その後、二度とその話を持ち出さなかった。

浮気専用出会い系サイト

今晩の拒絶は、これまでの誹謗中傷と同じように扱うにはあまりにもつらいものだった。彼女の悲しみは夫に立ち向かいたいという願望に変わる。「悪いのは私じゃない。あなたのせいよ。私は愛されない人間じゃない。誰からも求められないほど魅力がないわけじゃないのよ」自分と付き合ってくれる人が現実にいることを、自分に証明したくなる。度重なる暴言と共通の問題に対処しようとしない夫の態度に決心する。夫にその気がなくてもその気がある人は他にいるかもしれない。その瞬間、開き直った。これからも夫とマイホームや子供、車、休暇を分かち合える。家庭はうまくいっている。仕事も順調だ。すべてを覆す必要はない。現実的に考える必要があるが、セックスとスキンシップが欠けている。それを別のところで解決するつもりになったのだ。どうなるかわからないが、探してみよう。

ヴェラは震える手でクレジットカード番号を入力する。確認メールを受け取れば浮気専用の出会い系サイトへの入会は完了する。会員のプロフィールをスクロールすると「少年」「匿名希望」「リッチマン」「午後の楽しみ」「老紳士」……といったユーザーがいる。プロフィールは無限にあるが、写真を載せている人はほとんどいない。離婚したばかりの友人は普通の出会い系アプリでオンラインデートを始めたが、そこは正反対で、大多数が自分の写真を載せている。しかし匿名でいられるのは短期間だと気づいた。写真は互いにリクエストし合うのだ。やり取りの中で相手が自分のパートナーの知り合いではないと充分な確信を得られれば、限られた相手に写真を公開するもののようだった。ヴェラが個人情報を入力する間もなくメッセージが次々と送られてくる。

〈こんにちは、ここで何をお探しですか?〉

〈パートナーとセックスレスになっている人がいたらと思って登録しています〉

〈家庭に不満はないのですが、同じように家庭に満足していて、セックスを求めている人を探しています〉

〈こんな素敵な夜に何をしているの?〉

〈こんばんは、ヴェラ。君と仲良くなりたい〉

数件、返事をする。何通かメッセージのやり取りをしていると寝る時間になった。家族は寝静まっている。長い一日だったが、これは期待できる。ヴェラは期待で胸が高鳴った。

ヨーアルその3

ハイジとの急展開

ヨーアルとハイジの関係は急展開している。お互い、自由気ままに振る舞っていたが、メールのやり取りが2人を前進させ続ける危険な麻薬のようなものになっていた。足取りを軽くし、退屈な日課に活力を与え、ともすれば憂鬱になりがちな日々にきらめきを与える。ヨーアルは家庭内別居中のハイジに安らぎを、ハイジはヨーアルの生活に新たなときめきを与える。肉体関係はまだだが、その気配はある。

肉体関係は必須ではないが、いずれそうなるかもしれないとヨーアルは考えている。この火遊びは期待していた以上だった。例の研修から8週間が経った6月には、ヨーアルは終業後に可能ならばハイジを家まで送っていくようになっている。週に2、3回ということも多い。2人ともヒシンゲンに住んでいるのだから一緒に帰宅するのは自然なことだ。車での帰り道はたいてい抱擁とキスで終わる。

その日、ハイジは同僚と一杯飲みに出かけていた。ヨーアルの車に乗り込んだ彼女は少し酔っていて、自宅に着く前に脇道に入り車を停めることにした。ヨーアルはセックスのことは考えていなかった。実際は触れたくて、以前にも増して抱きしめたくてたまらないにもかかわらず、2人の初体験がこんな風に車内だと、やや品位に欠ける気がしていた。だが、彼女は乗り気だ。車内の熱気は刻一刻と高まっている。2人は後部座席に移動し、彼女は彼のズボンのボタンを外した。ヨーアルはそんなことになるとは思っていなかった。彼女への思いの丈からすれば、もっと別の場所で、違ったものでありたかった。しかしハイジにとってはまったく失礼でも下品でもない。もしかすると何も考えていないのかもしれない。酔って興奮していて、自然の成り行きに任せているだけで、この瞬間セックスができるのであれば、車ですることをなんとも思っていないのかもしれない。ヨーアルに対してそれほど思い入れがないからこそ。彼女はそのままヨーアルの性器をつかんでは感触を確かめてゆく。最初はゆっくり優しく。滑らかに肌を撫で、彼女の指は勃起し震える性器を愛撫する。

ヨーアルが夢にも思わなかったことがまさに起ころうとしていた。彼はその状況を俯瞰し、中断するようなことは自分は一切しないだろうと悟る。自分も彼女を求めている。研修以来、真剣に考える勇気はなかった。2人の間に流れる電流のような力はあまりにも大きく、その時、その場に2人でいるのを想像することさえ危険に感じていた。彼女ははっきりと、これまで以上に真剣かつ力強く彼を感じ、味わっている。この車が子供たちをそれぞれの習い事に送り出す時と同じものだという事実はヨーアルからは忘れ去られた。今は2人だけで外の世界は存在しない。すぐそばに人家があることも関係ない。彼女を後部座席にそっと寝かせてズボンのボタンを外す。ハイジはズボンが脱がされるのを手伝う。その瞬間、ヨーアルは自分が長年にわたり妻を裏切ることになるであろうと悟る。だがその考えは脳裏をよぎるだけだ。目の前で起きていることはあまりにも重要で、何ものにも邪魔されたり消されたりうやむやにされたくない。自分の気持ちと情熱はここにある。心から望んでいることだ。他はどうでもいい。今すぐに。心臓をドキドキさせながら彼女の下着を脱がし、まさぐる。ハイジを喜ばせ、夢中にさせたい。舌が彼女を感じる。ハイジはうめき声をあげ、キスをし、後部座席で自分の下になってほしい素ぶりをする。はやる気持ちのまま彼女は彼の上にまたがる。

その後2人は車の前部に移り、ヨーアルはハイジを家まで送る。彼女が車から降りて玄関から入る様子を見つめる。2人の初体験はヒシンゲンの砂利道の脇に停めたヨーアルの車の中だった。まるで夢のようで、彼は一生忘れないだろう。

禁断の関係

こうして彼らの交際は続いている。時折、勤務時間中に駐屯地で会う。勤務時間が終わってから会うこともある。彼女を家まで送り、別れる。時々抱き合ったり、頻繁ではないがセックスをすることもある。だがほとんどの場合、一緒に帰るだけだ。

ヨーアルにとってハイジとのひと時は、自覚するのが怖いくらい価値がある。彼の日常と心持ちがかつてとはまるで違って感じられるからだ。ハイジが現れる前と出会った後。以前に抱いていた、性的魅力のない、さえない存在という自分に対する感覚は燃え上がる情熱的な何かに取って代わっていた。

ヨーアルは自信を取り戻したのだ。自分への好意――外見や人柄、そして性的魅力について、はっきりと好意を示してくれる女性に出会ったからだ。それはあらがうことのできない、とてつもなく激しい力だった。機会さえあれば、ハイジをものにするのだと決めていた。人生はあまりに短いとも考えていた。そのフレーズは決まり文句ではあったが、それが真実だと気づいたのだ。別の言い訳も考えてみる。「妻はどうせ自分を求めていない」それも真実だ。自分自身に対する不倫の言い訳はそんなところではないか。そうだな、と彼はこれまでの自分と折り合いを付ける。

反対側に一度足を踏み入れると、再び戻るのは容易ではない。快感や引力、情熱は断ちたくもないし、断てないものだ。ハイジとの関係は性的なもの以上にメールや視線、自分を求めてくれる人がいるという認識からくる自己肯定感、うずくような体の感覚をもたらしてくれる。物事をこなし、用事を済ませ、仕事を片付けているだけだった以前の機械的で不毛な日々と比較すると、以前と同じなのに新たな熱意と心持ちで取り組んでいる。時間を巻き戻して、何事もなかったかのようにすることはできない。パンドラの箱を開け、禁断のリンゴをかじったのだ。

ヨーアルは久しぶりに活力に満ちている。生まれ変わり、若々しく一新され、気力に満ち溢れている。何かから目覚めたかのように、突然開眼し、人生のヴァージョン2.0を生きているようなのだ。この感覚のためなら何をしても構わないとさえ思う。新しい禁断の関係は性的な熱も帯びている。エロスという語は本来、生命力という意味を持っている。ハイジとの関係はすべてが激しく、デートの約束すら強烈で濃厚な何かに感じる。彼女こそが望むすべてでみたいだ、と思うと同時にヨーアルは恐怖も感じている。彼女を恐れている。不倫というだけではない深いつながりを感じる関係に、ヨーアルは定期的に暗闇に落ちる感覚へと揺り動かされている。離婚調停中の彼女はヨーアルに惹かれているが、離婚を切り出したのは彼女本人であるにもかかわらず、自分は見捨てられたと感じていて、そんな彼女に彼はより引き込まれている。思わせぶりなメールはやがて彼女の裸の写真となり、ヨーアルを興奮させ、渇望させ、精力的にさせては肯定感を与える。まるで、新たな性の目覚めとともに2度目の思春期を迎えたかのようだった。ここ数年、予測可能で日常的で平凡なものに萎縮してしまった人生に新たな可能性を開くうねりの真っ只中にいるようだった。出勤し、家に帰り、子供の世話をして支払いをし、年に2、3回家族と休暇に行くことが目的のようだった人生。だが、その年ほど生きていることを実感した休暇はかつてなかった。

ヨーアルとハイジの関係は、実存的なパラドックスのようなものだ。実際に彼女と過ごした時間などほんのわずかなのに、彼の全人生に影響している。どうしてある関係が、矛盾している自覚がありながらも多面的に感じられるのだろうか? 精神分析医のジークムント・フロイトは、エロスを生命の原動力と表現し、それがタナトス（死の欲動）と相反すると主張した。死に直面した時に浮気の扉が開かれることがあるのは、おそらくこのためだろう。誰かを亡くした時、重篤な病と診断された時、危機を乗り越えた時、戦争、悲劇、災害、そのほかの劇的な出来事から生き永らえた時。失業したり、他の要因により自己を無力で脆弱だと感じる状況でも、浮気が人生の主導権を取り戻す勇敢な行為となることがあるのだ。おそらく、人生のはかなさとの突然で運命的な対峙こそが、張りのない一日を過ごさぬための一歩を踏み出させ、その瞬間を大事にさせるのだろう。ヨーアルの場合、直近に悲劇があったり災難に見舞われたわけではないが、突然、中途半端な人生にはもう興味がなくなった。「これでいいのか？」と自問自答することに疲れたのだ。

より多くを求めるようになってからは、以前は平気だった妥協はもはや受け入れられない。アラフォー、アラフィフが陥る〝中年の危機〟だったのかもしれないが、どうにか死に抗っているのだろう。彼自身の死であったり、半分死んだような夫婦関係を含む、死んだようなと言っていい毎日に。いずれにせよ、禁断の関係は張り合いのない日々に対する効果的な特効薬である。情熱と愛が気力を呼び覚ます。日々のルーティーンを壊し、仕事や家事、休暇など生活のほとんどすべてに希望の光を見るようになる。五感が研ぎ澄まされ、音楽はより深く感じられ、食べ物はより味わい深くなる。

ヨーアルは不倫相手を探していたわけではなかった。良い人生を送っていたが、実存的な葛藤があったのかもしれない。妻とは安定した生活を楽しみ、たくさんの浮き沈みを分かち合ってきた。しかしハイジは彼が痛いほど欲しがっていた肯定感と冒険心を携えている。その両方がヨーアルには必要で、彼を異なる方向に引っ張っている。安心感と自由。片方の手は慣れ親しんだものにあくまでも忠実であろうとし、反対の手は刺激的な未知なるものに伸ばされる。

ハイジとの関係は強烈で熱を帯びたやりとりを伴いながら、研修の週以来、5速ギアに入ったままだ。だが問題がある。ハイジが関心を示す日もあれば、あまり反応を示さない日もある。ヨーアルは困惑する。

もしかしてハイジにとって、ヨーアルは唯一の相手ではないのかもしれない?

心理学者アンジェラその*3*

浮気・不倫を乗り越えるカップル

浮気にはたいてい、その事実を知っている当事者と知らない当事者がいる。知らない方の当事者が気づくこともあるし、時間が経てば何が起きたのか誰しも気づく。浮気はたいてい痕跡を残すからだ。私の場合、元夫は突然SNSの露出を避けるようになり、出張が増え、家族にあまり関わらなくなった。彼を惹きつける何かがよそにあった。不安になったのを覚えている。どこかでこれまで通りだと信じたかったが、状況は以前とは違っていた。

本人が気づいていようといまいと、パートナーの浮気は騙された方の不安や抑うつ症状を増大させると私の中の心理学者は指摘する。それは私にもよく当てはまった。もちろん、不安の増加はパートナーシップにも影響を及ぼす。衝突が増え、破局のリスクも高まる。

しかし、そのまま続く関係も数多くある。そのような場合、外部が「別れればいいのに！」と考えるのは簡単だが、経済的な理由やその他の理由で別れられないこともある。ある日、オスロに住む幼なじみのミリヤから電話があった。8カ月前からある男性と付き合っていて2人は連絡を密に取り合い、一緒に旅行をしたり、同じジムで定期的にトレーニングをしている。数日前、ミリヤの同僚がミリヤの彼氏について話したいことがあると言ってきた。彼は職場であるノルウェーの政府機関内で彼女以外にも言い寄っているというのだ。ミリヤ自身は彼にそのような傾向があるとはまったく気づいていなかった。しかし、同僚が言ったことには他の同僚も同意した。足をすくわれ、現実が突然、理解不能に思えた。以来、食欲不振と不眠に陥ってしまったという。と同時に、真相を突き止めようと決心した。電話ではなく、直接会って話をすることにした。話す前に、彼がSNSでシェアしている写真を見た。見知らぬ女性が「超いいね！」のリアクションをしていた。惚れ込んだ男性の真相を突き止めることに躍起になり、多少固執していたミリヤはその女性のプロフィールをクリックしたという。その女性のプロフィール写真はミリヤが見慣れた部屋で撮られたものだった。凍りついた。彼の寝室――それ以前に投稿された写真も同じ部屋で、2カ月前の写真もだった。同時期に同じ男性と付き合っていたのだろうか？

ある人物が自分が思っていたような人物でないとわかった時、すべては突然、非現実的に感じられる。何が真実で何が真実でないのかすらわからなくなってしまう。奇妙な偶然が重なり、ミリヤとの電話の翌日にママ友のエヴェリーナから電話をもらった。彼女には子供が2人いて、同棲中の彼氏には子供が1人いる。先週の金曜日、偶然、彼のスマホに「淋しい、早く会いたい」というメールが届くのを見てしまった。どうしていいかわからず、少し調べてみると、メール相手の女性はトレーニングジムの誰からしい。エヴェリーナはパートナーとの関係を終わらせたいと言う。ただしクリスマスが終わってから。子供たちのためにもクリスマスは一緒に祝ってほしいから。電話を切る前に、「私のせいかな?」と聞かれた。

「どこかで私はこの種の裏切りを受け入れているの。子供たちの父親は少なくとも2度、私に隠れて浮気をした。私を蔑ろにもしてた。でも私は見たくも知りたくもなかったし、関係を終わらせることもしなかった。私たちは19年間一緒にいたのよ」

そう、浮気は私たちのセルフイメージに影響をおよぼす。孤独を恐れていたり、過去にトラウマになるような別れがあったりすると、踏み留まるような後押しになることがある。反対に自分たちが問題を解決できると考えることもある。

浮気・不倫と離婚の割合

私は浮気を〝乗り越えた〟カップルがどれくらいいるのか調べてみることにした。まず交際終了から見てみよう。一般的に、不倫の有無にかかわらず、スウェーデンの婚姻関係にある夫婦の約半数は離婚に至る。さらに、離婚経験者の42％が婚姻中、少なくとも1回は不倫関係や不道徳な接点を持ったことがある。不倫はよくあることだが、誰も偉そうに自慢したりはしないし、成り行きの多くは隠されたままだ。この本の原稿を書いている間、浮気の話を次から次へと聞いたが、いくら匿名にすると言っても自分の経験を載せてほしいという人はほとんどいない。このトピックはデリケートだ。浮気経験のある441組のカップルを対象にした調査によると、54・5％が浮気発覚後すぐに関係を解消している。つまり半分以上だ。これはわかりやすい。裏切りによって関係を続けることが難しくなり、一緒に居続けることに意味があるのかどうかさえわからなくなったのだ。すぐには関係を解消しなかったカップルのうち30％は、関係を続けようとしたがのちに破局している。結果的に15・5％のカップルが浮気を乗り越えた。だがここに既婚か未婚かで大きな違いがある。既婚者では23・6％が浮気を乗り越えたのに対し、未婚者は13・6％だった。人生の結びつきが少ないほど関係を終わらせるのは簡単だ。

結婚し、マイホームを共有し、子供がいて、別荘を持っているとなると話は最も複雑になる。

男女差もある。浮気発覚後もパートナーと同居する女性は男性のほぼ2倍であると指摘されている。つまり男性が妻や彼女の浮気を許す度合いと女性が許す度合いは同じではないのだ。恐らく、これは女性には別れて新居を購入したりする経済的な余裕がないからとも言えるだろう。

浮気の種類も重要である。一夜限りの関係が発覚した後では、19・7%のカップルが一緒にいることを選んだ。しかし、パートナーが長期にわたる浮気をした場合は12・7%になる。長期の浮気や継続的な嘘は許すのがより難しい。それは私も同感だ。長い間、騙されていたことを悟るのは、つらい。信頼関係が崩れてしまう。

私と元夫の関係は彼の不倫によって終わりを告げ、不倫が発覚してから数カ月後、私たちはキッチンで向かい合って座っていた。離婚届はどこまでも優しかった祖父と買ったキッチンテーブルの上に置かれていた。末娘が離乳食まみれのちっちゃい顔でマリメッコのよだれかけをつけて、ベビーチェアに座っていたのと同じテーブルだ。夫と一緒にタコスパーティーを準備した場所。クリスマスに親戚一同が集まれるように天板を伸ばしたテーブル。クリスマスキャンドルの火が灯されている間、クリスマスに食べるサフランパン――ルッセカットが盛られた皿もここに置かれていたし、娘たちの誕生日のたび、実に様々な言語で歌われるバースデーソングが盛大に続いたあと、やっと誰かが「急いで！　ろうそくが燃え尽きちゃう！」と叫び、娘たちがケーキのろうそくを吹き消したのもここだった。

そんな思い出そのもののテーブル。

そこに今、離婚届が置かれている。私はサインし、夫もサインした。私たちは14年近く指にはめていた指輪を外した。夫は保管しておきたいか尋ね、子供たちのために取っておかないかと提案した。子供たちのヘアアクセサリーの中から見つけた紺色のシルクのリボンで2つのつるつるした金の指輪を結んだ。

「ビールでも飲もうか」私が尋ねると、夫は「そうだな」と答えた。

ビールがグラスに注がれ、静かに乾杯した。儀式のようだった。家には私たちだけだった。子供たちは隣のアパートメントに住む母のところにいた。何年も前の4月の夜、ストックホルムのナイトクラブが夫と私の始まりで、これがその結末だった。

ヴェラその4

出会い系サイトでの出会い

月曜日の朝、7時15分。ヴェラが浮気専用出会い系サイト〈VM〉に登録して約1週間が経った。ヴェラは何人かの男性とメールをし、初めてのデートに向かうところだ。カフェやバー、屋外での散歩など、公共の場で会うことで関係を深める価値があるかどうかを見極めるためのデートだ。ゆくゆくはセックスへ。デートは恋愛や共同生活につながるものであってはならず、その部分を評価する必要はない。ゴールはあくまでセックスであり、より深いつながりかもしれない。

ヴェラには親密さとセックスさえあれば自分の人生は完全なものになるように思えていた。誰かから渇望されている、少なくとも今よりは求められていると感じられれば。待ち望んでいるのはときめきと口説き文句だ。家庭生活はすでにある。日常生活はうまくいっている。夫と3人の子供がいて、友人がいて、素敵な休暇、居心地の良いマイホームがある。仕事、知的な刺激、達成感、キャリアでの成功も手にしている。管理職を務める彼女は、そこで成長できるし、重要な仕事に携われる。

今こそ自分の性欲に対処する時だ。これ以上セックスレスで生きていくつもりはない。

午前11時半にいったん仕事を終え、車に飛び乗り、スマホのナビに住所を入力する。デート相手と昼の休憩中に落ち合うためには職場の近くで、かつ知人と鉢合わせせぬよう、ある程度、距離がなければならない。ヴェラは車を停め、1時間分の駐車料金を支払い、上着を整える。きちんとして見られたい一方、いつも以上に頑張ったなと思われたくない。デートはそれほど重要ではない。仕事でよく着るダークグリーンのブラウスにコート、ハイヒールのブーツで落ち着いた。今日の相手、ヨーナスを見つける。カフェの入り口に立っている。春物のジャケットにジーンズ。プロフィールの写真と同じで、ヴェラが現れると嬉しそうに微笑んだ。少し息を切らして近寄ると彼女は尋ねる。

「こんにちは、ヨーナス。結構、お待たせしてしまったかしら？」

「いや、全然、数分前に来たばかりだよ」と緊張した笑みを浮かべ、彼は素早く答えた。

「会えて嬉しいわ」ヴェラはそう言って彼に軽くハグをする。嬉しいには嬉しいが、そんなに楽しくないかもしれない。ヴェラの無意識の戦略に従って、ヨーナスは慎重に選ばれたのだ。選ばれたのは彼女にとって完璧で、最高に魅力を感じる男性だからではない。むしろ、その逆だ。彼は、おそらく彼女が深い感情を抱かないであろう相手だ。それが、正式なパートナーと別れるつもりがない浮気というものだ。恋に落ちたり――彼女の表現では〝恋に狂ったり〟――すれば、理屈抜きに傷つく危険性があるのだから男性陣は完璧であってはならない。最高の相性でもいけない。最も深いつながりを感じる相手でもいけない。それはつまり、恋愛対象ではなく、優しくて、素敵で、まあまあな相手。せいぜい不倫候補で、平日の9時から17時の間にホテルの一室でセックスできる相手。セックスの悩みを解消してくれる男性だが、それ以上ではない。万が一、気持ちが芽生え始めたら、関係はすぐに解消される。

この初めてのデートで、ヴェラは自分に不倫をする勇気があるかどうかを確かめるつもりでいる。行きの車の中でパニックになるのだろうか？　それとも気分が良くなるのか？　ワクワクするのか？

それぞれコーヒーを買い、奥に2人がけの小さなテーブル席を見つけた。

「それじゃあ、ここに座りましょ」とヴェラは満足げな笑いを浮かべながら言ってみるが、内心ではここまで来られたことをむしろ喜んでいる。ヴェラは実際、大きな感情の波もなければ情緒不安定になることもなく、不快感などまったくないことに気づく。自分がこれほどうまくやれることに気づき、何だかんだ言って、不倫は得意分野なのかもしれないと思う。

「そうしよう」ヨーナスは友達に向ける視線より少し余韻を残す眼差しで言った。

2人は少しぎこちない会話を続ける。

「なぜ〈VM〉を始めたの？　何を求めているの？」とヴェラは尋ねた瞬間、これじゃ就職面接っぽいかなと感じた。

「時々会える相手を探しているんだ。愛人をね。君は？」と彼は聞き返す。

「セックス、親密さ。そのへん全部ね」

「それじゃあ、家でしないの？　かな？」性急に聞くべきでないことを聞いてしまったと思ったのか、疑問形が継ぎ足されていた。プライベートすぎると思ったのだろう。

「単発的すぎるの」と彼女は短く答える。「あなたはどうなの？」

「まあ、同じだな」

その瞬間、ものすごく奇妙に思えた。そもそも共通のニーズがあるから会っているのでしょう？　金銭のやり取りがない取り引きみたいなものだ。「私はこれが必要。あなたはこれを必要としてる。私たちのニーズは一致する？」ニーズが一致すれば次に進む。そうでなければ、「今回はありがとう。お互い、ほかを探すことにしよう」となる。もし彼女が相性や燃え上がる感情、性的魅力を求めているのなら恋愛を探すはずだ。しかし、そうではない。そこに焦点を合わせることは傷つき、家庭生活を台無しにする危険性を高めることになる。ヴェラは目の前にいる男性を見ながらヨーナスがそれなりに魅力的で素敵な人だ、自分にとってベストだという結論にたどり着く。一緒に笑える人？それで充分。彼とならセックスがしたい。

ヨーナスは結婚生活に疲れたと言う。あまり代わり映えがしないのだと。聞いているうちにヴェラは彼の結婚生活はそれほど悪くないのだろうと感じるようになる。不倫は彼にとってむしろ楽しいことのようだ。退屈なホテルの夜を和らげる手段。彼はセールスマンとして働いている。

不倫のハードル

そのうちに彼は妻が興味を示さないような過激なセックスがしたいとメールしてくるようになる。お酒を飲むと別人のようになることも明らかになる。普段のメールはこうだ。「会社にいるんだ。ヴェラは元気？」それが、金曜日の夜にはとんでもなく下品なメッセージを送ってくることがある。「今、チンコが欲しいんだろ？」ヴェラは「それはそれは、こんにちは」と内心苛立ち、返事を控える。酔っ払っている時だけ気が大きくなり、大胆な行動に出られるのだろうか。よくあることだ。

酔ったヨーナスからのメールと夫のマルクスの威圧的な態度を比較する。ヴェラは夫が親密さを求めていないということを尊重しなければならないが、夫が自分を見下すのを受け入れる必要はない。自分は夫が見くびった言動を続けるのを許しているみたいだ、とヴェラは思う。もちろん、夫の行動は彼の責任だが、彼女は新しい目線で捉えようとする――自分が夫を許しているのだと。その観点から見ることで、問題の焦点を変えてみたいのだ。夫は変わらない。しかし自分が、どこで、どのように線引きするかは変えられるかもしれない。ヴェラは夫に悪態をつかせているのは自分のセルフイメージのせいだと知っている。

ヴェラの前で開かれようとしている新しい扉は、彼女の中にある多くのものを目覚めさせる。思考や感情、洞察が浮かんでは消え、まるでブレーキが壊れたかのように止めることができない。「一緒にいても幸せでない人のために20年も人生を無駄にしてしまった」「19年前、家や子供で身動きできなくなる前になぜ別れなかったのだろう。他の誰かに出会えたかもしれないのに」しかし、ヴェラは恨めしく思い続けるつもりはない。そう、彼女の自信にいろいろな意味で悪影響を与えたのは夫なのだ。しかも夫は何一つ変わることなく一貫している。手短にいえばろくでなしだ。パーティーや他の人たちとの会食でここ一番という愛嬌を見せ、雄弁で社交的になる時以外は嘘もつかないし偽りの顔も見せない。だが、ヴェラに対しては一貫している。

彼女はヨーナスとのデートに集中しようとする。ヨーナスはいい人だが少しドライだ。2人は採用面接のような会話を続ける。ヴェラはチョコレートビスケットを一口食べる。デートはいまいちだが、大事なのは乗り切ることだ。そうすれば自分が不倫できるとわかる。それだけわかれば彼女の人生の新しい章は始まるのだ。別れる前にヨーナスと軽くハグする。ありがたいことにすべてがうまくいき、見知った顔も現れず、誰にも見られなかった。

彼女はそう思っていた。

ヨーアルその4

ハイジとの蜜月

ヨーアルは妻のグレタを見つめながらもハイジに思いを馳せる。2人の女性に対して抱いている感情があまりに違うことに気づく。妻がいかに彼を求めていないか、そしてハイジがどれほど彼を求めてくれているかを考える。離婚という選択肢はまだないが、ハイジとの生活はどうなるのだろうという考えが頭をよぎる。その生活を思い浮かべるが、まずは今を生きようと思う。将来のことは考えず、今を楽しみたい。同時に、問題の先送りでは悪い結果になりかねないとどこかで気づいている。ハイジとの関係は永遠に続くものではないが、彼女がいることで生まれる新しい感情はエネルギーを与えてくれる。彼はそれを守りたいのだ。

子供の頃は遊ぶことが許され、想像力を働かせ、様々な役を演じることができた。でも大人になると、同じように遊んだり実験したりする機会はめったにない。自ら選び、あるいは誰かに割りふられた役割は退屈で窮屈なものに感じられる。パートナーを選んでしまえば決まりきったセリフやストーリーばかり。それでも好奇心は残っている。もし違う道を選んでいたら？　別の誰かと別の場所で、別の街で、別の国で。どんなストーリーになり得ただろう？　浮気は可能性を広げ、別の人生への扉となりうる。妻との関係でヨーアルの役割はもはや満足のいくものではない。妻は素晴らしい母親だが、お互いに緊張感は完全に失われている。ハイジと一緒にいれば彼はなりたい自分になれる。

ハイジとヨーアルは5月に出会い、夏の間は密に連絡を取り合っていたが、秋になると連絡が少なくなった。日常が2人の間を隔て、仕事で密接に関わることもなく、徐々に接点が減っていった。クリスマスが訪れ、新年を迎え、年明け早々、彼らは同じチームに入ることになった。結果として、仕事を通じて、2人はまた毎日のように頻繁に会うようになった。不倫は勢いを増し、またエスカレートしていった。

年明け、2人は出張でストックホルムに飛び、ホテルの同じ階に泊まり、頻繁に会った。打ち合わせでもプライベートでも顔を合わせる。出張が終わりに近づく頃には、2人の関係は以前の輝きを取り戻していた。ヨーアルは熱い思いを抱きながら、隣の座席に座っているハイジを見つめる。

「状況が違っていたらよかったのに」と彼はそっと言う。

その瞬間が彼の胸に焼き付けられる。2人は8カ月間、会ったり会わなかったりを繰り返していた。自分が結婚しておらず、お互い自由に会えたらいいのにと思う。本当に……2人で……と忍び寄る考えは夢を具体化する。それは同時に、恐怖だ。ハイジ以外の日常生活がひっくり返ることを意味するからだ。彼女は返事をしないが、愛情深いまなざしで彼を見つめ返す。

自己との葛藤

ヨーアルにとってすべてが変わっていく。春、2人は仕事でよく会っている。会うのは簡単だ。比較的近くに住んでいるし、シフトが重なれば通勤を共にできる。ハイジは3月に誕生日を迎え、盛大なパーティーを開き、その晩、ヨーアルは彼女の自宅に泊まった。2人はその時初めて「愛してる」と言い、その気持ちはさらに大きくなっていく。ヨーアルの生活は狂い始め、自分が岐路に立たされていることに気づかされる。ハイジとの関係を維持するのはますます難しくなる。つながりは大きくなり、膨らんでいく。彼女が望んでいるからではなく、彼が両方の生活のバランスを取ることができなくなっているからだ。存在のますます大きくなった部分がもう一方を飲み込もうとしている。外部の助けが必要だと気づき、電話をかけた。1週間後、彼は家族カウンセリングに赴く。

「つらいのは、自分がどこを軸足として立っていいのかわからなくなっていることです。とても複雑な心境なんです」と彼は語り始める。

状況が与える大きな打撃にヨーアルは疲弊し、不眠に陥っていた。留まるか去るかの判断が常に神経をすり減らす。自分の秘密の関係が多くの人を傷つけかねないことを彼は悩みながらも自覚している。ハイジは離婚したのに自分は離婚していない。妻との夫婦関係も本当に途絶えてしまっただろうか？　その気にならないのは自分のせいではないのだろうか？　自分が働きすぎているために、妻が家庭と子供の世話の責任を引き受けざるを得なかったのでは？　妻との夫婦関係はうまくいっているのに、自分は女性2人の相手をする方が楽しいと考えているのか？

女性カウンセラーにハイジとの関係やグレタとの結婚について包み隠さず話し、己の決断を下すための判断材料や方法を得ようとする。もう一度、同じカウンセラーを訪れた彼が得たものはこれだけだった。

ヨーアルその4

「ヨーアルさん、ご自分で決断してください」

それができない。何が最善なのかわからない。決心できず迷い、手の付けようがなく、無力に感じる。混乱している。最後にカウンセラーは言う。

「すでに決断なさっているように感じますが」

「それは、どんな決断ですか？」と、彼は希望を感じながら尋ねる。

この女性は知っているのだろうか？　見るだけで自分が何を望んでいるのかわかったのだろうか？　自分にはそれがわからないのに、彼女は発言を控え、影響を与えまいと身を引いた。その場を後にしてから、以前にも彼女はクライアントの同じような振る舞いを見てきたのだろうとヨーアルは思う。葛藤や混乱を目の当たりにし、あの椅子に座った他のカップルや、結婚生活で同じ状況に至った人たちと自分は同じ道をたどると悟っているのだろう。

だが、その人たちは何を選んだのだろう？

彼が親しい友人2人に相談すると、「お前はもう決断してるんだよ」と言われる。自分自身には見えていない何かが周囲には見えているのだ。たぶんそれは、結婚生活を続けたいと思っている人は彼のような行動をとらないからだろう。でも彼はそれを知らない。まだ。

心理学者アンジェラその4

性的欲望と不確実性

ヴェラやヨーアルと会うとしばしば情熱と安全安心のバランスが話題の中心になった。高揚と安定。同じパートナーと両方を経験することはできるのか？　人間は安心を求める。それは明らかだ。安心は生命が生き残るための一種の必要条件だ。しかし人は快楽や興奮も求めている。肝心な点は、この2つの欲求が拮抗していることだ。以前他の著書で、相手に強い欲求を感じるには予測可能なこと以外の何かが必要だと書いたことがある。これはベルギーのカップル・カウンセラーで作家のエステル・ペレルも著書『セックスレスは罪ですか？』で述べている。欲望にはある程度の不確実性が必要なのだ。「相手を長く愛したければ見慣れた関係に未知の要素を取り入れる必要がある。普段とは違う角度から、つまり少しでも未知で見慣れない存在として相手を見ることができれば可能になるのだ」と。謎や未知の部分が欲望を呼び起こすのかもしれない。スウェーデンの有名なテレビドラマで、長年連れ添った3人の子を持つ夫婦が、ドレスアップしてホテルのバーで落ち合うというシーンは興味深い。

数時間後にバーカウンターで落ち合うと、妻が「ここにはよく来るの？」と尋ねる。答えた夫は、一杯ご馳走しても構わないか訊き、ホテルの一室で情熱的な結末を迎える。やや陳腐な展開だが、エステル・ペレルをはじめとする多くの人間関係の専門家のテーゼが確実に要約されている。この夫婦がそうだったように、相手のすべてまでは知らなかったり、お互いのことを本当の意味で知らないとわかった時に緊張感は増すのだ。未知なるものが欲望に新たなきらめきを与える。

自己啓発セミナーで世界中に知られたアンソニー・ロビンズも「パートナーシップにおける情熱の量は、あなたが持ちこたえられる不確実性の量に正比例する」と簡潔に表現している。人間は安全を求め、人生をコントロールしようとする。もちろんそう簡単なことではない。それまでやってきたことがうまくいったと思えることで生き延びられる。以前食べたものをあえてまた食べたから今回も生き延びられた、というように。こうした安全への欲求は生産的であり、度々私たちの命を救ってきたのだ。過去の経験から学ばないのは極めて非効率的だ。口に入れる前に、皿に盛られた米粒1つ1つを観察し、点検しなければならないとしたら、一日24時間のうちかなりの時間が何を食べるかを判断するのに費やされることになる。通勤や通学にどのルートを使うかも同じだろう。

代わりに、人は過去の経験から学び、時間をより効率的に使う。こうした回路は安全で安心なもので構築されている。この世をうまく切り抜ける方法はすでにわかっていて、おかげで多くの時間が節約できる。出会う人々も同じだ。私の著書に「単純接触効果」という現象について書いたことがある。ピッツバーグ大学のモレランド教授の研究によると、被験者は面識のない人物でも見る回数が増えれば増えるほどその人物に好印象を持つようになり、より魅力的だと思うようになることがわかった。何百もの実験が、接触が増えれば好感度が増すことを示している。人物でも飲み物でも文章でもそうだ。馴染みのあるものは金色の輝きを帯びて認識される。親しみのあるものに似ているものも好きになる。

これは裏を返せば、馴染みのあるものは欲望にあまり良くない影響を及ぼすということだ。時間を経るほどますます家庭的で安心感が増す予測可能なパートナーは、以前と同じ程度には欲望を刺激しなくなる。欲望と安全が衝突するからだ。人は安心感と予測可能性を求めるが、しばらくして落ち着くと欲望はあまり燃え上がらなくなる。誰と暮らすかはほとんど問題ではない。

人は実際には矛盾する2つを求めているのだ。安全への欲求は相手との距離をなくしたいと思っている。不確実なことは知りたくない。しかし、エロティシズムは未知のもの、つまり不安にもさせるもので突き動かされる。だから生活の結びつきが増せば増すほど、性生活を心配する理由が増える。パートナーとの間にうずくような感覚を抱くには距離が必要だからだ。一定の距離とシナプスのような接合部。火には酸素が必要なのと同じように、パートナーシップにもある程度の緊張感と不確定要素が必要なのだ。

パートナーシップとエロティシズム

こんな風に人はパートナーをわかりやすい存在へ引きおろそうと努力するのだが、それはパートナーの謎を否定することを意味する。どうやら予期しない驚きの方が予測可能性よりも満足感を与えてくれるようだ。欲望にはある程度の不確定要素、疎外感、不安、謎が必要で、もしかすると危険さえ必要かもしれない。

精神分析学者のマイケル・ベイダーは『性的興奮』でさらなる次元を紹介している。

彼によれば、親密さが増すと相手の幸福への関心が高まる。この関心には相手を傷つけてしまうのではないかという心配も含まれる。同時に、性的に興奮するためには、相手への心配を断ち切り、自分自身のために快楽を追求する必要がある。つまり、欲望にはある程度の利己主義が必要なのだ。性的な領域では、自分の欲求に集中し、生き生きと、自発的に、不安から解放される必要がある。

同時に、欲望が燃え上がるためには、お互いが独立した個人である必要があると彼は言う。一方がもう一方に依存していると欲望を抑制してしまう。理解ある思慮深さを手放し、密接な距離から一定の距離へと離れることが性的な場面では必要なのだ。そうすることで、欲望を呼び起こす余白が生まれる。セックスに必要なのは調和のとれたパートナーシップの構成要素である思いやり、理解や仲間意識ではない。エロティシズムは利己的な欲望、おそらくは力関係、客体化、根源的な欲求によってもたらされる。強い性的欲望は親密さとは異なる道を歩むのだ。

エステル・ペレルは「私たちが夜に興奮することとは、日中、反対していることと全く同じである」と述べている。彼女は『セックスレスは罪ですか?』でキャンディスとジミーというカップルについて書いている。ジミーは信頼でき、知的で優しい。2人は素晴らしい生活を送っており、まさにキャンディスが求める資質をジミーは持っている。問題は、彼が彼女の欲望をかき立てないことだ。思いやりのある性格は、まさに彼女が一緒に暮らしたいと思う相手に求めるものだ。しかし、まさにその資質のためにセックスしたい相手ではなくなってしまうのだ。彼の思慮深さはベッドでは機能しない。2人は揃って「ベッドでの心遣いは素敵だけど、興奮はしない」と言う。「愛おしいけどセクシーではない」と。良いセックスは必ずしも民主的でもフェアでもない、とペレルは書いている。それどころか、未知の生々しい無法地帯であったり、力関係の変化、つまり支配と服従であったり、冒険や多様な変化であったりする。攻撃性と創造性が日常生活における自分の役割や責任を手放させ、まさにその瞬間、その場に存在していることそのものが重要になる。

そのため、初対面であればあるほど一時的な火花が散る。慣れ親しめば親しむほど欲望は薄れていく。一般的には。浮気の研究はまさにこれを裏づけている。同棲であれ、結婚であれ、パートナーシップが続けば続くほど浮気のリスクは高まる。既婚女性の不倫の確率は7年目にピークに達し、その後は減少する。男性の場合、不倫のリスクは18年目まで徐々に減少し、その後、上昇に転じる。別の研究では、私は朝食の紅茶をむせ返らせるような結論を読んだ。パートナーの妊娠中や出産後の数カ月など、パートナーシップの特定の時期において男性が浮気をする可能性は高まるというものだった。

しかし希望はある。ある研究によれば、情熱は長期的な関係でも燃やし続けることができる。それは、パートナーシップに緊張感とサプライズを演出できるかどうかにかかっている。２人の関係が強い感情的反応を引き起こし続ければ、情熱は高まるのだ。また、パートナーを当たり前の存在だと思わなくなることで〝浮気に強い〟愛情は育める。

ヴェラその5

浮気発覚？

金曜日。夫のマルクスがバター、牛乳、サラダボウルをキッチンテーブルから片付ける。ヴェラが食器洗浄機に皿を入れている間に子供たちは自分の部屋へ向かう。ヴェラと2人で夕食の後片付けを終えると夫はワインのボトルを開ける。2人分のワインを注ぎ、キッチンテーブルに2人して座ると突然、言った。

「ヴェラ、お前が何していたか知ってるぞ」

「何を？」と彼女は戸惑いながら尋ねる。

ゾッとしていた。なぜ知っているの？　あり得ない。いったい何を知っているの？

「今週はいろいろあったわ」と、夫が何を言っているのかわからないふりをしながらヴェラは言う。

「そうか、そういうゲームをしたいのか？」と言うと夫は話の途中でタバコを吸いに出て行った。これが嫌いなところだ。あやふやなまま決着をつけずにいるところ。自分に非があるかないか、非難されているかいないかにかかわらず。彼女は後を追いかける。

「何か私に言いたいことがあるの？」

ヴェラに目もくれずタバコを吸っている。彼らしいと苛立ちながら思う。夫は何かを知っていても情報をいつまでも保留にし、話題にあげるタイミングを待ったりする。まるで、隠しておくことでその内容がより悪いものになるかのように。意地が悪く、計算高い。ヴェラは自分のしたことを知っているのに、長々と切り出さずにいる夫にはさらなる嫌悪感を覚えるばかりだった。黙っているので彼女が続ける。

「そうね、同僚とお茶したんだったわ」ぎこちなくヴェラは言う。

あまりにも自分の声に自信がなさすぎて、信憑性があるようには聞こえない。なんとか気を取り直し、今度は確信に満ちた声を発する。良くも悪くも自然発生的に考案した〝同僚〟路線を続ける。まだ、夫がなぜ、何を、どの程度知っているのかもわからない。

「採用面接をしたの。オフィスで会うより外で会った方が都合が良かったから。どのみち2カ所寄るところがあって、面接相手はその界隈にいたから」とさらに自信たっぷりに言う。

最悪。ヴェラはいったいなぜ夫が知っているのかという疑問を手放せない。だが、「どうして知ってるの？」と質問もできない。そんなことをすれば現行犯逮捕されたのと同じだ。だからその件には触れず、相手に会話の主導権を握らせ、流れに身を任せようとする。話題にするほどのことでもないかのように。

ヨーナスとのデートを思い出す。隣同士で座っていたわけではない。向かい合っていた。触れ合ってもいなかった。肉体的な接触はまったくなく、話していただけだ。しかも普通のカフェで。それとも目で会話しただろうか？　口説かれているような雰囲気が出ていただろうか？

「ラッセのパートナーがお前たちを見たんだ」とマルクスが突然言った。

しまった。そんな偶然ある？　彼女は1年ほど前、夫の友人であるラッセのパートナー、カリーナとスーパーかどこか、まったくどうでもいいような状況でマルクスといる時に会ったことがある。そうか、同じカフェにいたのだ。でもヴェラが他の男とデートしているなどと家に帰ってラッセに話す代わりに、なぜひとこと声をかけてくれなかったのだろう？　ヴェラが座って話している相手は従兄弟や同僚、近所の人、どこの誰でもありえたはずなのに。

「そう、ラッセが言うには、カリーナが家に帰ってきて俺たちは離婚したのかって訊いたんだと。カリーナが他の男とお前が座っていちゃついてるのを見たからだ。最後にラッセに『嫁さんの管理もできないのかよ』って言われたよ」

現行犯逮捕

信じられない。カリーナは確かにあそこにいたんだわ。自分の人生なんかないように見える女。他人のことに首を突っ込む時間が有り余っている女。当然、詮索して尾ひれをつけたりする。あちこちに疑惑を盛り込んだりする。他者を通して生きるゴシップ好きなタイプ。ヴェラはついカッとなり、ついでにラッセとカリーナについて滅茶苦茶な想像をする。2人は孤独から逃れるために付き合っているのだ。きっとお互いにとっての緊急解決策でしかないのだ。「どうせセックスレスだろうし」などと苛立ちながら思う。「カリーナの場合、体重と一定の相関関係があるだろうし」

ヴェラは自分の隠れた推論がポリティカル・コレクトネスに反することを知っている。だが今、そんなことはどうでもいい、ヴェラは見つかってしまったのだ。体重に関してはいくつもその例を見てきた。分析はカリーナを離れ、一般論になる。ヴェラは依存症とは、別の依存症に置き換えることだと考えている。セクシュアリティを食べることで解消するようなもの。あれを食べ物に置き換える。一種の自慰としての食事。ヴェラはそんな女性や男性の多さを知って驚いたものだ。これまでチャットした男性陣、例えばヤンネ。彼のフェイスブックのプロフィールを見たことがある。妻と出会った時、彼は痩せていた。数年前から、彼は自分が太ったことで妻と口論をしている。ヴェラにはその成り行きがよくわかる。「おいしい食事は自分への最低限のご褒美だ」とまずは被害者のポジションをとる。「食べ物は自分でコントロールできる。これはご褒美」そう言って高価なチョコレートを買う。「他の方法では得られない喜びを自分に与えているのだ」そうやって太っていく。

ヴェラはまた、彼女自身や他の人々が食べ物を使って他者を遠ざけているのではないかとも考えてみる。彼女の論理によれば、太れば人目につかない。言い寄られない説明にもなるし、誰も近寄ってこないのはサイズのせいだという自身の現実観にも合致する。もしサイズが36だったら男性陣に取り囲まれるだろうと。痩せていても誰も求めてくれないというつらい現実から自分を守るための手段にもなる。誰も求めてくれないのは体重ではなく性格のせい——自分のあらゆる側面や至らない部分、さほど面白い人間でもなく、欠陥だらけ——と思わずに済む。

　ヴェラは物心ついた時から常に体重を気にしていた。そしてなぜ自分が愛されているのか、あるいは愛されないのかを合理的に考えることにかなりの時間を費やしてきた。たいていの場合、なぜ自分は愛されないのかを考えていた。ノーと言われたら、私には価値がないのだろうか？　誰かを愛することはできる？　すべての人と相性がいいとは限らないし、すべての人がすべての人と相性がいいなんてことはないだろう、などと。

　自分の卑屈な考えをラッセとカリーナがした噂話のせいにしようとする。今回はたまたま正しいとはいえ、彼女自身が認めてもいないことを2人は捻じ曲げて話しているのだ。彼らにヴェラに隠れて噂話をする権利はない。

「まあ、彼らの話を信じるかどうかはあなた次第よ」と苛立ったトーンで言う。もう、現行犯逮捕された感覚はない。

　ヴェラの新たな自信にマルクスはその話題をやめ、ようやくいつも通りに戻った。秩序が回復する。同時に彼女は、自分が嫉妬していると認めるのは夫にとってとても難しいことなのだという事実に衝撃を受ける。なぜそんなに難しいのだろう？　彼女自身は嫉妬をオープンにできる。愛する人を失う怖さを認めることができる。

何人もの男たち

ヴェラの人生に開かれた新たな秘密の章には男性陣との接触が含まれる。ヨーナスとのデートの後、ヴェラは浮気専用出会い系サイトでヨンとペーテルという2人の新しい男性と知り合った。そのうちの1人は妻とそこそこ良好な関係を保っているようだが、もう1人がおそらく彼女の求めている男性だろう。

もっと惹かれる男性もいる。何人かはパートナーにしたいとさえ思う。できれば複数の男性の相手をする女性になりたいとさえ思っている。彼らとセックスし、渇望されたい。しかしライバルは欲しくないし、ヴェラ以外と会うのもダメだ。それがどれほどクレイジーで、典型的なダブルスタンダードで、恥ずべき、不適切なことであるかは理解している。だがそんなことは気にしない。これこそ彼女が望んでいることなのだ。それにしてもなぜ彼女がコンタクトを取っている男性陣は嫉妬を認められないのだろう？以前、夫に嫉妬しているかどうか尋ねたことがある。からかうことで嫉妬心を認めさせるために。だが、うまくいかなかった。彼は認めなかった。彼がした質問――嫉妬しているると解釈できる質問――を嫉妬とはまったく関係のない中立的なものだと主張するのだ。ヴェラの方は「これって私、不安になるべき？」と曝け出すことができるのに。

「自分のものは確保したまま、手放したくない」と彼女は考えている。彼女は何人かの男性と独占的パートナーシップ（一夫一妻制）について話したことがある。もちろん、不倫という文脈で独占的パートナーシップ（一夫一妻制）とは奇妙に聞こえるが、夫婦関係が友人関係に近い状態になった男性の中には妻とセックスしなくなった人もいる。そうなると愛人が夫にとって親密な関係を共有する相手となる。しかも、愛人が1人しかおらず、その関係が長期化すれば愛人は極めて親密な存在になる。

しかし、ヴェラが関係を持とうとコンタクトを取っている男性陣も一切、嫉妬を認めようとしない。単に、嫉妬していないだけなのだろうか？　だが、それも変ではないだろうか？　ヨンもペーテルもヴェラとますます親密になってはいるが、あくまでヴェラは自分のしたいことをする〝自由な個人〟なのだから、〝条件〟のようなものは提示したくないと言う。しかし、2人は「おはよう」から「おやすみ」まであらゆるメッセージを送ってくる。関係は深まっていく。ヴェラは彼らが自分のことを考えていることに気づく。頻繁に。彼女の理論では、嫉妬心を見せないのはプライドの問題であり、嫉妬するということはつまり、自分の中にある弱さと不安を認めることで、それができないのは古臭いマッチョ体質だからだ。パートナーがスーパーへ買い物に行くたびに、猜疑心からポケットをあさるような病的に嫉妬深い人はさすがに見苦しいが。

カフェの話題は終わった。ヴェラは友人や知人がどこにでもいることに気づかされた。彼女の一挙一動についてゴシップを楽しむスパイ。用心するに越したことはないと身震いする。2人はまだウッドテラスに立っている。夫はタバコの火を消すとドアを開けて中に戻っていく。ヴェラはキッチンの窓から自分のスマホがまだシンクの上にあるのを見つける。ディスプレイが点灯し、遠くからでは見えない通知が表示されている。「しまった！」と心の中で叫ぶ。夫はいつもの通りキッチンに入っていき、好奇心と疑心暗鬼に駆られながら画面に表示された通知を見るだろう。特に、こんなことの後はなおさらだ。最悪の場合、男性たちの誰かからだ。4秒もすれば、束の間の平穏は失われてしまう。

パニックに陥ったヴェラはこの状況を食い止める方法を考える。夫が先にキッチンに入っていくことを阻止できるか？　解決策を思いつく。うまくいくことを祈ろう。

ヨーアルその5

妻への告白

カウンセラーとの2回のセッションを終え、ヨーアルは妻に打ち明けようと決心する。春になり、ハイジと出会ってちょうど1年が経とうとしていた。ある日の夕食後、彼はその時だと感じる。これ以上の機会はないだろう。他に選択肢があるのに今の状態を続けたくない。秘密というのはコストがかかるしエネルギーが必要だ。小さな嘘がまた嘘を呼び、自分が何を言ったか把握するので精一杯だ。自分自身への敬意も失われてしまった。

何よりもヨーアルに離婚を決意させるのは、ハイジが他の誰かと出会ってしまうかもしれないという焦りだ。ハイジは長期間、独身市場にいないだろう。彼の頭の中では、離婚したハイジはすぐに新しい人を見つけるタイプだというイメージがある。だから今も日々彼女を逃すリスクがあるのだ。彼女が他の人とデートしていることも知っている。

非常に神経を逆撫でされる。ハイジをものにするには結婚生活から抜け出さなければならない——彼女がシングルでいる間に。もし彼女を失ったら、決して自分を許せないだろう。

ハイジとの状況について妻と話す必要がある。

しかし、具体的に何を話せばいいのだろう？　頭の中では会話を何度も繰り返している。妻にすべてを話すのは不必要で残酷なことかもしれない。彼女が望んだことではないし、事実の最もきつい部分を突きつけられたくもないだろう。一体、どんな事実なら良いのか？　どんな情報なら安らぎを与え、なにが苦痛になるだろう？　したことの責任は取らなければならない。妻ではなく自分が。たとえもう別れるとしても、夫婦に今あるものすべてを壊す必要はない。不倫に走った原因が何であったかを理解してもらうために、妻にどのように話を進めればいいかを考える。感情的な親密さへの切望？　性的な欲望？

ヨーアルは妻に理解してほしいと考えている。そうすることでお互いの関係を崩壊させることなく、ともに子供たちの世話を続けることができる。たとえ夫婦関係はうまくいかなくなったとしても、親としての役割分担はともに楽しむことができると。最悪の事態が去ったのち、良好な関係を維持できることを願っている。それとも、そんな考え自体が不倫の一部を隠蔽しようとしている自分を正当化するためのものなのか？　確かに。だが真実は常に明らかにされるべきだなんて、誰が言ったのだろう？　きっと断片的な情報で充分だ。離婚するにはそれで充分、足りるはずだ。

すでにヨーアルはわかっている。結婚生活に終止符を打ち、ハイジとの関係をスタートさせたいのだ。彼女が他の誰かと出会う前に。

夕食の後に「グレタ、ちょっと話せるかな？」恐る恐る妻の反応を見ながら切り出す。自分が引き起こす妻の失望と怒りに直面するのが怖かった。

「ええ」と彼女はためらいがちに言う。

「実は、悩んでいるんだ」と話し始めた。

妻に目をやり、反応を見る。最も深刻なところまで話を続けて大丈夫だろうか？

「僕たち夫婦について考えてるんだ」

間をとり、息を飲み込んでから続ける。

カウンセリングとわかるといいと思いながら「他の人に話をしに行っているんだ」と言う。

彼女は混乱し、理解できないようだ。そこまで夫婦関係は悪化していないのでは？ショックが悲しみに変わる——2人の愛の終わりなのか？　しかし当初のショックが収まると、これは夫が経験している一時的な危機なのだとグレタは自分に言い聞かせる。すべてのカップルが経験することだと。時折、愛に疑問を感じるが、その後、一緒にいる素晴らしさに気づくのだ。16年の年月と子供たち2人。それを簡単に捨てることはできない。ヨーアルは不倫に触れるのを避け、自分の考えや不安をうわべだけ、誠実とは言い難い方法で説明する。グレタは何が夫をそのような気持ちにさせたのか尋ねる。ヨーアルは長い間考えていたが、具体的な答えが見つからず、話せなかったと答える。自分でもわからないのだと。表向きはいつも通りだ。問題はこの会話自体ではなく、おそらくこれまで何も言わなかったことと、夫の不安がグレタにとって予期しない出来事だったことだろう。

一方、ヨーアルもハイジとの関係に将来性があるのか確信を持てないでいる。ハイジに恋していて、きちんと考えられず、理性を失っているだけなのかもしれない。

夫婦関係の整理

話はまだ離婚にまでは至らず、2人は決断を下す前に夫婦関係を整理することにした。一緒にカウンセラーに会う予約をする。初回のカウンセリングでは夫婦関係について話し、穏やかで落ち着いた理性的なものだった。ヨーアルの心は夫婦関係から離れており、もう幸せではない。2回目のカウンセリングで立場は逆転する。グレタは事実のすべてではないが、不倫の表面上の差し障りのない部分だけを知った。聞かされたのはヨーアルが他の誰かと出会い、恋心が芽生えたというもの。ヨーアルは自分の中に芽生えた感情を中心に話し合いが進むことを望んでいる。夫婦関係に何が欠けているのか、そしてお互い、元に戻る道を見つけるために何ができるのか。具体的な誰かと親密になったということではないと、そこはきっぱりと否定する。しかし、この2回目のカウンセリングを終えたグレタはもはや修復を望んでいない。夫に裏切られたと感じ、もう別れたいと思っている。新しい家を探すため、不動産屋に会いに行く予定を入れたが、今度はヨーアルが妻を引き止めようとし、行かないでくれと懇願する。

「待ってくれ、不動産屋には会わないでくれ！」

一旦、保留にし、家探しはなくなった。カウンセリングは続き、ヨーアルは、ある時は結婚生活に専念したいと言い、またある時は夫婦関係を断ちたいと言う。

躊躇する理由はヨーアルとハイジの状況だ。それがすべてを支配している。ハイジとの仲が順調に進むのならば離婚の時だ。もしハイジが手を引くなら、妻との関係を続けたい。何にもつながらない浮気のためにすべてを台無しにしたくない。

その後、ヨーアルの生活はぐらつき始める。

結婚生活に専念するためハイジに会わないことにした。SNS上でハイジをブロックし、はっきりさせるためにハイジ宛に自分の気持ちとなぜブロックするのかを説明する。

ハイジへ、言いづらいのだけど、君と家庭の両方を並行している限り、考えがまとまらない。君への思いがとても強いから、関係が続く限り、そっちが中心になってしまう。結婚生活をどうすべきかを考えるために、僕は変わらないといけない。唯一の方法は、少し君から距離を取ることだと思ってる。以前、このことについて君と話したことがあるね。結婚生活を修復するか、完全に別れるかということについて。僕たちは距離を取ろうとしてたけど、幻のようにストックホルムへの出張が浮上して、人生の決断を先延ばしにする口実にしてしまった。「連絡を断つ」と書くけれど、文字どおり、今後一切、連絡しあわないという意味じゃない。自分の気持ちを整理するにも君と一定の距離を置かないとできないんだ。それに、自分がメッセンジャーの奴隷になっていることに気づいたんだ。今となっては恥ずかしいけど、君が返信したか、既読になったか、アクティブか、といったことをチェックするのが日課になってしまった。それはもちろん君のことを思ってるからなんだ。いつも。こんな行動をやめたいから、連絡先リストから君を削除することにしたんだ。つらいけど、他に方法がない。気を悪くしないでほしいけど、僕の事情を理解してほしい。

このメールや書いた内容について君がどう思うかは分からない。でも、君も自分のことでいっぱいいっぱいな僕、君と家庭のどっちに軸足を置いているのか分からない僕とはもう終わりにしたいだろう。だから、こうやって距離を取ることで、お互いに道が開けることになるかもしれないと思っているんだ。いつ答えが出るかは分からない。もちろん君には、僕など待たずに自分の人生を歩んでほしい。そしてハイジ、もしうまくいかなかったら、また連絡するよ。でも、その時に君が「いてくれる」とはもちろん思ってない。今、僕にとって君がどんな存在で、僕がどんな気持ちでいるのか、一緒に過ごした素敵な思い出を書こうと思ってたけど、君はすでに全部知っていると思う。こう書くと結論のようだね。これで終わりなのかどうか分からない……愛してるよ。

ヨーアルが心新たに結婚生活に専念するようになってもハイジは特段寂しがらなかった。むしろ応援してさえいる。ハイジは一言も、2人の関係のどの段階でも、そばにいてほしい、自分を選んでほしいと言ったことはない。それどころか、いつも結婚生活を守るようヨーアルの背中を押してくれていた。

長いメールにハイジはこう返信する。「わかるわ、正しい選択だと思う。これは私抜きで解決しなきゃね♡」

2人はまだ完全には離れられず、ヨーアルは尋ねる。「大丈夫？」「大丈夫よ。ただそれだけ。もうやめましょう、ヨーアル。奥さんとうまくやり直せることを心から願ってる」

ほっとした。ハイジと中途半端になったり、うんざりした気持ちで別れることだけはしたくない。ヨーアルは返信する。

「ものすごく寂しくなるよ♡」

互いに別れを告げた。もうコンタクトはとらない。終わり。悪夢のようだった。ハイジと家族の両方の間で擦り減った。しかし、彼は自分の選択を貫き通し、ハイジが時折、酔っ払って送ってくるメールを除けば2人に個人的な接点はもうない。

新しい章が始まる。ヨーアルは何か別のことに挑戦する必要があった。物事を整理するいい機会なのだ。彼と妻、そして子供たちは皆で素晴らしい夏を過ごす。不倫の告白が完全ではなかったにもかかわらず。一家は海外旅行の予定を国内旅行にした。友人や家族と過ごす休暇になった。夏が終わりに近づくと、妻とやり直す方法を見つけたのだと強く感じた。久しぶりにお互いの存在を心から喜んでいるし、おそらくこの春、互いを失いかけた危機一髪の出来事が夫婦の間の何かを目覚めさせたのだ。2人は、記憶の中の姿以上に仲睦まじい。同じ時間にベッドに入る夜が増える。妻が夫婦一緒にいることを望んでいるのは明らかで、2人は大人の関係を大事にしている。家族に専念する、彼はそう心に決めていて、もしハイジに会うとしたら、それは旧友に会うようなものだろう。感情は冷め、ときめきは消えてしまっているだろう。

そんなある日、彼は職場で外出しようとしているハイジに出くわす。

「送っていくよ」という自分の声を聞く。回復したばかりの薬物依存症患者が、1回だけならと考えるように。

パートナーシップとドーパミン

アメリカの人類学者ヘレン・フィッシャーらの研究は、愛する人の写真を見た時に活性化される脳の部位は、薬物依存症患者が薬物に対し摂取欲求を感じた時に活性化される部位と同じであることを発見した。それは、ドーパミンを多く分泌する脳の領域である。快楽や集中力、報酬系に関連する領域だ。オーガズムの最中も薬物を摂取したかのようにドーパミンが放出される。パートナーの存在自体が脳の報酬系と結びついているため、一緒にいることは報酬となる。そして、ひとたび愛情に満ちたパートナーシップを見つけると失わないようにしようとする。脳が愛情の禁断症状を起こすからだ。

動物実験から、研究者たちはプレーリーハタネズミがパートナーから引き離されるとストレスホルモンを分泌し始め、抑うつ症状を誘発することを発見した。互いに依存し合うようになり、関係がそれなりに幸せであれば、一生涯、お互い支え合うのだ。この説明モデルは特段ロマンチックなものではないが、それでも少し素敵ではないだろうか。愛し愛され、交際し、一緒にいたいと思うことは素晴らしいことではないか。

ヴェラは最初のデートで浮気がバレてしまった。ヨーアルは自ら真実の一部を、少しだけ打ち明けることを選んだ。よくあることだ。後ろめたいが、すべては語らない。もしパートナーに浮気を疑われたら、それを晴らすために少しだけ話す。メールを見たか予定や行動について嘘をついていたことに気づいたのかもしれない。その時は事実を認めるのだが、実際には最も胃が痛くなるような部分を省いて、調整され、フィルターをかけられた真実のみが話される。そのため、浮気当事者は度々、情報をすり替えて提示する心理操作「ガスライティング」と呼ばれる行動をとる。これはまた、情報の一部を省略したり歪曲したりすることを意味する。あるいは、完全に偽の情報を提供したりすることもある。こうやって浮気当事者はパートナーに自身の認識や記憶を疑うよう仕向けることができる。最悪の場合、パートナーの現実認識能力を狂わせることもある。

私自身、「何を言っているんだ」「気のせいだ」「本当にそんなことを思っているのか?」と言われ混乱したことを覚えている。何が真実で、何が真実でないかを理解するのが非常に難しかった。多くの場合、真実はほんの一部で残りは作り話だった。

浮気・不倫はどうやって発覚するのか

私の母は平日よく古い白黒のフィンランド映画の名作を見ていた。その中に、妻が夫の上着のポケットに手を入れ、クシャクシャになった紙切れに電話番号を見つけ、夫の浮気を確信するシーンがあったのを覚えている。夫に詰め寄り、最終的に白状させていた。

昔はそんな風だった。今どき誰かのズボンのポケットからメモを見つけることはほとんどない。夫のシャツの襟に口紅がついていたり、妻の上着から馴染みのない香水の香りがするのに気づくことはあるだろう。急にパートナーが普段よりも身だしなみに気を使うようになることもある。ジムに通う回数が増えたり、変な時間にシャワーを浴びたり、昔話に説明を混ぜたり、罪悪感から特別な愛情を注いでくるかもしれない。あるいはすごく幸せそうだったり、性的に興奮しているかもしれない。今では浮気の痕跡はスマホやパソコンから発見されるのが一般的だ。テクノロジーは浮気当事者の親友であると同時に一番の密告者でもある。禁断の恋に落ちる相手を簡単に見つけることができ、パートナーとソファでくつろぎながら浮気相手との関係を維持することもできれば、家族と過ごす金曜日の夜に禁断の関係にある同僚にメールを送ることもできる。しかし残念なことだが、スマホを置きっぱなしにして眠ってしまい、遅くまで起きていたパートナーがドラマを見終わったその時、誰の目にも触れるはずのないメールがスマホの画面に表示される瞬間がいずれ訪れる。パートナーがスマホに用心深くなり、秘密主義になることも、よく見られる浮気の兆候だということにも触れておこう。あるいは、共通の知人がたまたま出会い系アプリでパートナーを見つけて言ってくることもある（不注意極まりないことだが）。もう1つ、パートナーに生じるかもしれない変化は、浮気相手と名前を混同しないように相手の名前を使わなくなり、ハニーとかダーリン、あなた、などと呼ぶようになることだ。その他の浮気の兆候としては、パートナーが以前に比べ何かに身構えるようになったり、急に怒りだすようになったり、理性的に答える代わりにケンカ腰になったりする。なぜ数時間、連絡がつかなかったのかを尋ねたら激昂するなど、時として人は理にかなった答えを持ち合わせていないとケンカ腰になることがある。浮気を疑っている側を、過剰に疑い深く要求しすぎているように見せるということもある。不意打ちを食らわせ、立場を逆転させるのだ。私にも経験があるが、追及する側は突然、被害妄想に囚われた悪役にされてしまう。とても傷つき、悲しくなった。非常に不当な扱いだったし、その後、真実を知ることさえできなくなった。

兆候はあっても、真実から目を背ける方が簡単な場合もある。そんなことは知りたくないというわけだ。人は自分の経験や希望、願望を通して、現実と真実を認識し、セルフイメージを作り上げる。人は見たいものを部分的に見るのだ。多くの場合、誰もがパートナーは誠実であると思いたい。だから浮気の兆候にあまり注意を払わない。実際に不倫を目の当たりにしたら、最愛の妻や夫の印象はもはや同じではなくなってしまう。その現実を認めるのはそう容易ではない。セルフイメージも同じではないだろう。浮気するパートナーがいる自分とは一体、何者なのだろう？　時間を1カ月や1年早送りして、もし一緒に暮らしていた人と離婚に至っていたら？　マイホーム、子供、互いに依存しあっているすべてを断ち切らなければならないとしたら？

浮気中のパートナーがいる人が、浮気について具体的な証拠を見つけるのはよくあることだ。しかし、それでも信じようとしないこともよくある。本書の取材で登場した女性の1人がそうだった。ある女性が既婚男性と5年間交際していた。2人の恋愛が何年も続いたある夜、彼女は彼の生活のごく一部だけで満足しなければならないことに心の底から苛立ち、うんざりした。彼が自由になれる時に合わせて、幾度となく自分の予定を変更しなければならず、いつまでも陰の存在で夏至祭や新年、誕生日に招待されないことに嫌気がさしたのだ。1人の人間として家族に紹介されることも決してない。そして、白昼堂々と存在することが許されない人間であることに耐えられなくなった。そこで、恥ずかしくもあったが誇らしくもある方法で自由を手に入れた。キス写真を相手の妻に送ったのだ。写真は彼の出張先について行った時、ホテルの朝食の席で撮られたものだった。妻からの返事は「二度と連絡しないで」だった。

妻は夫の不倫の明らかな証拠を手にしたにもかかわらず、行動には移さず、浮気夫との結婚生活を続けた。夫も写真が送りつけられる前に彼女から突きつけられた最終通告に従わなかった。「あなたが決断しないなら、代わりにしてあげるわ」と言われていたのに。彼を忘れるためならなんでもすると彼女は言っていたが、自分との約束を守ろうともがいているのがよくわかった。彼がしてくれないからこそ、彼女が一歩踏み出さなければならなかったのだ。疲れ果て、声に悲しみをにじませながら彼女はこう言った。「これは私に委ねられていることで、留まるか去るかは自分次第なの。それが現実。今の私はしっかり直視できる現実主義者よ」

少し間を置いて続けた。

「もちろん、本当は彼が離婚して、私と一緒になることを夢見てる。でも、このままだと自分を過小評価していることになる。実際、奥さんと別れないと思うから」私は黙ってうなずくしかなかった。私たちはホテルの朝食の写真から2人の旅行の写真まで、彼女のスマホの写真をスクロールし続けた。それらの写真を見て、セーレン・キルケゴールの名言を思い出した。「人は2通りの騙され方をする。1つは真実でないことを信じること。もう1つは、真実を信じようとしないこと」

浮気発覚の統計的調査

さて、浮気当事者の内なる思考を理解しようとするうちに、ある疑問にたどり着いた。浮気の兆候とはどういうもので、秘密の関係はいつバレるのか？　それは1回目で、それとも2回目で、あるいは3回目でなのだろうか？　答えを言えば、たいてい1回目では発覚しない。この時期に発覚するのは10人に1人の割合だ。むしろ、2回目か3回目の浮気の時に明るみに出る。時間に関していえば、浮気が発覚するまでに平均約4年かかる。これは、浮気専用サイト〈イリシット・エンカウンターズ〉の会員1000人を対象にした調査で判明した。つまり、当然のことだが、浮気をする期間が長ければ長いほど――遅かれ早かれ――パートナーがその兆候に気付く可能性が高くなるということだ。もう1つの要因は、時間が経つと自身の向こう見ずな行い（要するに浮気）にますます確信を持つ傾向があるということだ。多くの人にとっては発見されることさえスリルなのだ。そして、不注意になればもちろんバレやすくなる。

だから、もしパートナーの浮気を見つけたとしても、統計的に見ればそれは最初の浮気ではないだろう。先述したようにテクノロジーは浮気相手を探す手助けをしてくれる一方で裏切りもする。ヴェラが使っていたような浮気専用出会い系サイトやアプリ、SNS、名前や電話番号を明かさずにログインできる匿名アプリ、パートナーが寝ている間や留守の間にできるセックスチャットや裸のビデオ通話――隠れた二重生活を維持するのは難しい。せめて一緒に生活する相手には隠しておきたいものだが、アプリを削除しなかったり、通知をオフにしなかったり、人は突如忘れてしまう。そのため39％もの人がショートメッセージから浮気がバレてしまったというのは驚くに当たらない。電子メールでの発覚は全体の22％で2番目に多い。3番目はどこに行ったか嘘がバレることで20％。4番目は現行犯逮捕で14％である。パートナーの浮気に関する情報を友人から知らされるのは5％で5番目に多い。

この最後のパターンに出くわしたヴェラは、堂々と採用面接という隠蔽策を披露してなんとか取り繕ったが、このケースはある意味、ポジティブに捉えることができる。なぜなら浮気を目撃した人は、友人にパートナーから嘘をつかれていると知らせたいということだからだ。ただ知らされた本人はパートナーの嘘と折り合いをつけられないかもしれない。またネガティブな点としては、周りの皆がパートナーの浮気を認識しているように感じられ、自分が最後だったと感じる点だ。私の時もほぼそうした状況だったし、きつかった。

あまり知られていないことだが、浮気当事者の86％は正式な交際や婚姻の前段階、デート期間中にすでに浮気している。浮気は夜、暗闇の中で起こるものだと思ったら大間違いで、就業時間中にも起こる。他にもホテルでの長いランチや激しい熱気に包まれた車内、出張、夜のホテル客室での裸のビデオ通話など。〈イリシット・エンカウンターズ〉が行った調査によると、特に浮気が集中する曜日は決まっており、金曜日だそうだ。300人のユーザーにヒアリングを行ったところ、一番人気は11月末の金曜日だった。理由は12月に入るとクリスマスの準備で忙しくなり、子供たちの学校が休みになり、クリスマスから新年にかけて家族行事が中心になるからだ。そうなると、ホテルの一室での密会や長時間のランチの暇はないだろう。

　一生で何回浮気をするのだろうか？　一夜限りの関係で終わることが多いのか、それともっと回数を重ねるのか？　その答えは、浮気をしている人の37％が2～5回だった。18％は10回以上浮気をしている。

　私の夫婦関係にもその兆候はあった。その1つは、夫婦関係の大半を通じて感情的な距離が存在していたことだ。これは、不倫のリスクが大きくなることを示している。やがて時間や場所に関する嘘が出はじめ、SNSに写真を載せてほしくないと言われた。後から振り返ってみると、それがよくわかる。

ヴェラその6

危機は続く

ヴェラは初めてのデートで見つかってしまった。夫のマルクスの友人ラッセのゴシップ好きなパートナー、カリーナがたまたま同じ時間にそこにいたのはなんとも不運だった。幸いなことに、ヴェラはすぐに我に返り、夫の攻勢を制した。たっぷりの自信とともに仕事上のことだと主張し、非難を免れた。危機は去った。

しかし、話し合いが終わった直後、彼女はテラスからキッチンの窓越しにスマホに気づく。疑われた焦りで、うっかりシンクの上に置き忘れたのだ。通知が表示され、夫はキッチンへ向かっている。ヴェラ自身はテラスに残り、先ほどの一触即発の状況から一息ついていたところだ。夫に見られてはいけないものを見られてしまうかもしれない――パニックに陥る。無我夢中で解決策を考えるうちに、あることを思いつく。

「マルクス、お願いなのだけど」

夫に呼びかけ、一拍おく。焦りながら選択肢を考える。夫に何を頼むか。夫より先にキッチンには行けないのだから夫をキッチンとは別方向にある寝室かバスルームに向かうように仕向ける必要がある。

「何だ?」と夫は返事をし、ホールで立ち止まる。

完璧。

「マルクス」と繰り返す。今度は静かな声で夫の注意を引く。

続ける。

「洗濯機を空にしたか確認してくれる?」

手短に伝えたいことだけ言う。不必要な装飾はしない。簡潔にすればするほど夫はその気になると思ったからだ。夫が廊下を右に曲がり、バスルームに向かうのを見て、その間にキッチンに入り、スマホを手に取った。無事やり過ごした。スマホはヴェラのポケットにおさまり、危機は去った。夫がバスルームから声をかける。

「ああ、空だ。でも、自分で確認しなかったのか?」

「えっと、あなたがバスルームへ入ってくと思ったから」と、彼女は安堵の表情で答え、息を吐く。

今回の平穏もまた壊れやすいものだ。ある日、ヴェラは夫や子供たちと居場所を確認するために使っていた位置情報アプリを削除した。マルクスは激怒する。

「何を隠してるんだ?」

夫が大騒ぎしたことで、子供たちまでがなぜ母親がアプリを削除したのか不思議がっている。マルクスは子供たちを味方につけ、4対1になる。この一幕の後、ヴェラは子供たちの古いスマホを使って男性たちに連絡することにする。同じものを使うのが厄介になったからだ。スマホを公式な生活用と秘密の生活用に2台持つことにした。家にいる時、浮気用のスマホはバスルームの棚の中でサイレントモードにしておく。最適な場所ではないが、不倫用の連絡はそこでしかできないため、ほかの場所は難しい。バッグや寝室のクローゼットからバスルームに持っていく? 一日に何度も? それは怪しすぎる。すぐ夫に気付かれてしまうだろう。

ヴェラは数人の男性と同時進行で関係を進めている。人に認められるのは心地よい。人生に新しい刺激的な時期が始まったが、スリルを感じるよりも不安の方が大きく、楽しいことばかりではないものの、失望もまた活力になる。憤りと決意。20年間連れ添ったのだから、これからは自分の人生を思い通りに切り開くのだ。同時に言葉で寄せられる承認で充分かもと考えてもいる。次のステップに進まなくてもいい？　とも思っている。

ヴェラは不倫の達人になりつつある。出会う様々なプロフィールに惹かれ、また驚いてもいる。セックスのためだけの人もいれば、支配されたい人も、支配したい人もいる。好みや要望のリストは果てしなく長い。〈ティンダー〉をダウンロードし、匿名のプロフィールを作成する。ここでも浮気をする人たちがいる。自分の写真の代わりに真っ黒な写真、車、自然、あるいは目だけを写している写真が多い。この人たちは隠れながらデートをしている。同時に、完全にオープンな人もいて、同棲相手やパートナーはいるがオープンな関係であると顔出しで明記している。いわゆるポリアモリーな関係だ。彼らもそのパートナーも他の人と同時に付き合っているのだ。

ある日、ヴェラが浮気用スマホを持ってトイレに座っていると、窓に人の顔が現れた。夫が中にいるヴェラを見ていたのだ。夫がなにかにつまずかなければ、彼女は誰かいるなどと気づかなかっただろう。だが、夫は彼女の別のスマホには気づかなかった。

別のある日にはヴェラはブラジャーの中に浮気用スマホを入れていて、家を出るため靴を履こうと腰をかがめた時にセーターから滑り落ちてしまった。とっさにスマホを拾ったが、夫に見られた？　ああ、見られていた。

「そのスマホはいったいなんだ？」とすぐさま尋ねてくる。

（しまった。ありえない）とヴェラは狼狽えながら思ったが、夫はすぐに予備のスマホがヴェラの生活で果たしている役割に気づいた。夫の疑念を認めるほかなかった。しかし、これがきっかけで2人は夫婦生活について、不倫とその線引きはどこかについて、ヴェラが今の夫婦関係に満足していないことについて、良い話し合いができるようになる。これが解決につながるかもしれない。ヴェラは自分が望んでいた人生を送れなかったことを恨んでこの世を去りたくはない。だからこそ、自分の気持ちを説明し、他の人との関係への扉を完全に閉じるべきではないかもしれないと提案する。数年前にも解決策を探るため話し合いをしていたのだ。その時は「そんなことは口にしないでいい」という結論で終わった。今回もその結論に達した。

怪しむ夫

ある晩、ヴェラはペーテルとメールをしていた。ペーテルは今後はもっと気をつける必要があると言う。ペーテルが不審なことをしていると妻が気付いたのだ。彼がスマホを置きっぱなしにしたまま眠ってしまい、アラームを切ろうと手を伸ばしたが間に合わず、妻に表示された最初のページを見られてしまった。彼の日課は毎朝出勤時に匿名メッセージアプリの〈Ｋｉｋ〉をダウンロードすることだ。そして職場を出る前に削除する。毎日。彼にとっては家で気兼ねなくスマホを出しっぱなしにしておけることが重要なのだ。常にスマホをチェックしていたら怪しいではないか。ところがその前の日、彼は帰宅前にアプリを削除するのをうっかり忘れてしまった。

ヴェラも同じような経験をしたことがある。多くの人と同じように、彼女もスマホにパスワードを設定している。それに彼女のスマホでは使用後30秒で自動的にロックする。しかしある日、画面が閉じる前に夫が彼女のスマホに手を伸ばし、見てはいけないものを見てしまった。〈Ｋ·ｉｋ〉だった。

「まだこんなものやっているのか？」

ヴェラはリスクを充分承知している。浮気用スマホはプリペイドのＳＩＭカードと一緒にバスルームの戸棚にしまってある。自分なりの方法としてはトイレに行き、スマホを取り出してメッセージをチェックし、戸棚へスマホを戻すというやり方だ。あいにくトイレに行く回数が多すぎて完全に潔白とは見えないだろうが。

「セフレにメールしてるのか?」と夫は言うかもしれない。

夫の言葉使いまではコントロールできない。その時は、鍵のかかったトイレのドアの向こうでメールしているわけではなかった。暗い廊下に立っていた。トイレのドアのすぐ外、夫がまだキッチンにいる間に1人でヨハンに返信していた。そう彼女は思っていた。だが実際は、夫はキッチンから廊下へと静かに入り、彼女の背中のすぐ後ろに立っていた。音ひとつ立てず、息づかいも床板のきしみも関節の音もなく。ヴェラは立ったまま落ち着いてメッセージを入力し、1人微笑んでいた。

突然、マルクスが大げさな大声で、わざと彼女を怖がらせるように言った。

「ここでコソコソしていたのか!」

彼女は飛び上がった。

「何よ、そこにいたの? 怖がらせないでよ」と言う。

マルクスは妻から目を離さない。

「スマホをよこせ」と夫は要求する。

「いやよ」と答えた。

夫があまりにも怒り、目の前で〈Kik〉を消すよう脅すので、消すしかなかった。

すべての履歴が消えた。連絡先もすべて。複数の人とチャットしていたが、匿名のユーザーネームを見たところでもう誰が誰だかわからなくなるのは間違いない。彼らを見つけるのは不可能ではないにせよ、ハードな探偵仕事となるだろうし、スレッドが削除されたという通知がいくため相手も立ち去っているだろう。夫が彼女の後ろにいたのは偶然ではない。見張っていたのだ。それも初めてではない。ヴェラはもっと気をつけなければならないことを自覚した。

バレる人、バレない人

ヴェラが出会った人々の中には非常に慎重な人もいた。逆に、スリルに興奮する人もいた。発見されるリスクが刺激になるタイプだ。そういう人は何も対応策を講じずにパートナーの目の届くところにスマホを置きっぱなしにできる。一方、より慎重な浮気当事者は、自分だけが知っているスマホのパスワードを持っている。あるいはヴェラのようにスマホを2台持っている。多くの家族が互いの位置を確認できるアプリを使っている。ヴェラのようにそのアプリが突然削除されれば怪しまれてしまうが、スマホを2台持ち、デート中は〝公式〟スマホを職場に置いていくことで問題は解決する。浮気用スマホは家に持ち帰る必要もない。職場の引き出しにしまっておけば安全だ。公式な生活と非公式な生活の両方で同じスマホを使いたい場合は、例えばホテルでデートしている間の数時間だけ追跡アプリの位置情報を「フリーズ」にしておく。そうすれば実際には別の場所にいるにもかかわらず、職場にいるように見せかけることができる。一方、このフリーズ・モードはほとんどのアプリで「ネットワーク接続がありません」「位置情報がフリーズしています」などと表示されるため、当然、機能を熟知しているパートナーに疑念を抱かせるし、完全に安全とは言い切れない。用心深い人はアプリなど浮気相手との連絡手段の通知もオフにする。デートの約束は勤務時間内のみ。ホテルは現金払い。独身者ではなく、リスクの少ない既婚者か交際相手がいる人とデートする。両者ともに浮気発覚で失うものが同じくらい大きいからだ。発覚を予防する策をどちらも取るし、別れたくないパートナーがいれば感情移入のリスクも小さくなる。

ヴェラは教訓を得た。浮気には計画性と管理能力が必要だ。早い段階で、連絡をとっている相手のサインを読み取ろうとする。スリルを楽しみたいタイプなら、いずれ妻に発見される。そうなると相手の妻がヴェラの電話番号を調べる可能性は充分にある。身元が調べられ、夫に電話がかかってこない保証はない。そうなったら大混乱に陥るだろう。重要なのはリスクを最小限に抑えることだ。危険因子を次から次へとつぶしていく。つまり、スリルを求める人を避ける。

ヴェラの新しい男性の1人であるヨンは幼い子供を持つ父親だ。妻とはよくセックスをする。しかも、かなりバラエティに富んだセックスだ。

「でも、それなら結構、幸せなんじゃない？」とヴェラは尋ねる。

彼が浮気の動機について言葉を探している間、ヴェラは考えている。これまで彼女が接してきた男性陣はセックスが足りていないか、より頻繁な性交渉を望んでいた。あるいは特定の種類のセックスを求めていた。だが、ヨンは理解できない。望むほど頻繁ではないのかもしれないが、幼い子供を持つ親の誰がそんなに頻繁にセックスできるだろうか？　同じ出会い系サイトの他の人たちに比べれば同情すべき事情はほとんどない。

彼はヴェラの意見にある程度は同意するのだが、「でも、何なの？」とヴェラが尋ねると、「欲しいのは緊張感なのかもしれない」と答える。

別の男性は同じ質問にこう答えた。

「自分だけのものが恋しいんだ。自分だけの小さな場所が恋しいんだ」

ヴェラは自立性と関連があるようだと思い始める。独立心に関係する何か。

いわゆるセックスレスの人もいる。ヴェラのデート相手の1人、アントンはこの2、3年、妻と話し合い、ついに妻から浮気専用出会い系サイトへの登録に許可が出たという。しかし登録したとたん、「やっぱりやめてほしい」と妻は尻込みし、彼もいったん身を引いたが夫婦関係にもセックスにも変化はなかった。それが彼を蝕み始めた。「妻が自分たち夫婦の在り方を決めるのか？　彼女が嫌がるから、自分はセックスレスでいなければならないのだろうか？」

「それはフェアじゃない」と彼はヴェラに言う。

こうして彼は自分の不倫を正当化する。

セックスレスとパートナーシップ

タブロイド紙の多くが女性は男性の性欲の欠如を理解すべきだと言っているとヴェラは思っている。ＥＤ（勃起障害）について理解し、男性にストレスを与えないようにすべきで、さもないと問題を助長することになると。

「ちょっと待って。だから私たちは自分が納得できない状況に適応することを求められているの？　私はどうなるの？　私のニーズや私の人生は？　誰が決めるべき？　当事者のどちらかが決めなければならないけれど、制約を課すのはセックスを望まない方。浮気やセックスをしたくない、あるいは、病気やその他の理由でセックスができないのなら、そのままにしておくのではなく、何らかの解決策を見つけなければならないんじゃない？　だから話し合う必要がある。『あなたにプレッシャーを与えたくないし、セックスできないことやしたくないことは理解している。私たちはどうしたらいいと思う？』そうやってこの問題にアプローチすればいい。パートナーシップって互いに必要なものが違ったり、様々なニーズへの感じ方が違ったりすることを認め合う必要があるでしょう。夫は完璧な家庭、妻、3人の子供、マイホームを望んでいる。彼はそれを手に入れている。でも私たち夫婦はほとんどハグもしない。手をつなぐこともないし、彼はいつも私の2メートル前を歩く。じゃあ、もし私が別のものを求めているとしたら？

私は夫のやり方やルールを受け入れている。同時に、私のニーズが存在することも許されるべきじゃない？　私はもう、自分の望みが過小評価されるのを見て見ぬふりをしたくない。今のままでは、私の人生の重要な部分が支配されたまま。夫が私とセックスしたくないせいで、私は誰ともセックスできない。こんな生活はもう嫌なの」

ヴェラは惨めな気分になり、フェアではないと感じている。不倫は間違っていて、醜く、酷いことだ。英語には〝homewrecker（泥棒猫）〟という言葉がある。この言葉は多くのことを物語っている。home＝家庭の wrecker＝破壊者――浮気者や愛人は家庭を崩壊させる存在なのだ。

「もちろん不倫はしたくない。だけど、不幸にもなりたくない。もうこれ以上は。親密さとセックスは私の幸せの重要な部分。そう生きたい。肉体的に求められていると感じたい」とヴェラは考える。

同時に、彼女はセックスレスのトーマスのことも思い出す。セックスを伴わないパートナーシップの美しさを味わいたいとも思っているからだ。そうしたパートナーシップは優しく、可愛らしい印象がある。ヴェラと夫との結婚はそうではないが、トーマスと彼の妻は互いにとても愛し合っているようだ。妻はトーマスを〝最愛の人〟と呼び、そのほか多くの面で彼を肯定している。

一見良いパートナーシップを築いているようだが、様々な理由でセックスレスになっているカップルの性的なつながりについてもヴェラは考える。セックス以外のすべてが備わっている付き合いの長いパートナーシップ。それは満足のいく関係だろうか。自問自答するが答えは見つからない。肉体関係がなければ、どんな関係が残されているのだろう？　一番、親密な関係にあるヨハンもヴェラと同じように結婚しており、互いにそうである限り2人の関係がそれ以上になることはない。それでもヨハンは互いに感情移入できると思っている。男女ともに多くの人がそう思っているようだ。だが、ヴェラはそう感じていない。不倫相手にハートの絵文字を送ることはない。キス顔ならあるが、絶対にハートの絵文字は送らない。

ヴェラは決意する。浮気専用出会い系サイトを使って最初のデートに出かけてから5カ月が経った。この時間は新しい人生の章についてじっくり考え、それで正しいと思えるために必要だった。後になって間違った決断から不倫をしたことに気づき、自責の念にさいなまれながら生きるのは耐えられないだろう。

ヴェラは不倫の道のりの次の段階に進む覚悟でいる。次のステップはペーテルと一緒にする予定で、うまくいくと思っている。ホテルの部屋を予約し、昼休みにそこで会うことになっているが、ヴェラはまだ考える勇気がない。そう、目的は2人が事に及ぶことだ。その言い回しのおかしさに笑ってしまう。途中でパニックになってキャンセルしない限り、セックスが目的だ。夫以外とのセックスに耐えられないのかもしれない？ベッドの端に座って泣くことになるかもしれない？

ヨーアルその6

焼けぼっくい

8月3日、夏期休暇が終わり、ヨーアルは仕事に戻った。妻と子供たちとの夏は素晴らしく、自分は正しい道を歩めていると実感できている。不倫関係は終わり、ハイジとの関係は安定し、仕事仲間として付き合っている。情熱はもうない、と彼は思う。

しかし、ハイジがオフィスのエントランスから出てくるのを見た瞬間、以前に抱いていたのと同じ、燃えるような感情が湧き上がる。情熱とはちょっとしたきっかけで爆発する可燃性爆薬のようだ。禁断の関係の芽を摘み取ろうと果敢に挑んだ夏の後、彼女に会ったらすべてが再び呼び覚まされてしまった。勝ち取ったと思っていた距離が吹き飛んだ。ハイジを車で送り、長い間、車内で語り合った。

ヨーアルはそれでも話し足りず、もっと説明したくなる。「ハイジ、今日は君に会えてとても嬉しかったよ。この〝口実〟を得たことで、また連絡し合いたくなったんだ」

とメールを送った。

温かい気持ちがさらに言葉に気持ちをこもらせる。「君も知っての通り、僕は数カ月間、離婚するか結婚生活を続けるかで悩んできた。君の存在に関係なく、離婚が自分の望むことなのかどうか確かめようとしてきた。はっきりさせることは重要なんだ。他に好きな人ができたことを理由に離婚したくないんだ。残念だけど、はっきりしたことはわからなかった。自分が何を感じ、何を望んでいるのか、まだわからないんだ。あれから数カ月、僕たちはほとんど連絡を取っていなかった」

ヨーアルは離婚の理由を見つけるべく、いかに妻との夫婦関係がうまくいかなかったかを振り返る。だが、振り返る場所を間違えていた。実際にはハイジと一緒になりたいという願望がすべてだからだ。メールが長文になっても、すべてを吐き出し、自分の気持ちを率直に話したい。

「このまま結婚生活を続けることで自分が不幸になると感じたら、離婚すると自分に誓ったんだ。妻が動揺して、離婚が避けられないような行動をとることを望んでもいた。しかし彼女はそんなことはせず、代わりに分別を持って議論し、より大局的な視点を与えてくれた。でも君を傷つけたり、拒絶されたと感じさせてしまうのが怖い。それだけは避けたいんだ、ハイジ。僕自身と家族のために、結婚に留まるべきかどうか見極める義務があることを理解してほしい」

メールの最後に、家庭に注力する必要があると伝える。夏の記憶はまだ新しい。家族。彼のいるべき場所。家族は幸せだ。ほとんどそう確信している。

ハイジから彼を理解しているし、正しい選択だという返事が来る。2人は何の連絡もしないまま数日が過ぎたが、突然ハイジからメッセージが届いた。「最悪な日だったわ。バックしたら他の人の車にぶつかったり、子供の父親とケンカしたり、すべてのことが私に逆らっているみたい」

ヨーアルはすぐに返信する。「でもスウィートハート♡、よくわかるよ」

離婚の決断

その後もメールを続けているとこんなメールが届く。「夕方の海水浴から帰ってきて、ワインを1杯飲んでるところ。もし息子が寝た頃にここへ来てくれたら車の中で会えるわ😉」

ヨーアルは答える。「君と寝ることほど素晴らしいことはないけど、その必要はないよ」「でもしたいの。今はあなた次第よ」とハイジは返信する。少ししてから「子供は寝ているし、私は酔っ払っている、あなた次第」

　彼は車を走らせた。ハイジから離れて一日も経っていないかのように、突如、感情が溢れる。確かにこんな感じだった、と思い出す。

　グレタにとって日々がより理解しがたいものになっていく。素晴らしい夏を一緒に過ごしたのに、わずかな期間でもう終わったと思っていた夫の迷いや躊躇いが過去に逆戻りしたのだ。すべてはハイジ次第だということをグレタは知らない。ハイジは常に存在するが第三の見えない人物であり、グレタはコントロールも理解もできない絶望的なジェットコースターの中に置き去りにされている。あっちこっちに揺れ曲がる。ハイジがヨーアルに対して距離を置いているか心を開いているかによって。ヨーアルは本当に罪悪感を抱いているのは、自分が希望と絶望の間を揺れ動き、妻を苦しめていることだと言うが。

　数日後、彼は再びハイジを家まで送る。車内で彼女は空想する。

「一緒にパリに行けるとしたら、どうする?」

　それ以上の言葉があるだろうか?　その発言はヨーアルにとってきわめて重要なサイ

ンだった。ハイジは2人に何らかの未来を見ているのだ。ハイジを捕まえるためには、結婚生活から抜け出さなければならない。

1週間後、彼は決断する。離婚する。改めて。

「グレタ」と言う。

夫が真剣であることがわかり、隣に座る。

「考えたんだ」

妻は何が言いたいのかわかっているため、それ以上なにも言う必要はない。グレタは怒ることはできず、涙を流す。今の彼のように惨めな人間に怒れないのだ。空回り。だが、グレタはこれで終わりだとは思っていない。彼は危機的状況にあり、多分乗り越えることができる。ともに嵐を乗り越えられる。彼女はそう解釈している。あるいは率直な否定かもしれない。彼女はその夏を思い出しながら胸の内を吐露する。

「ヨーアル、あんなに楽しい夏休みだったのに、離婚なんて。他の人たちはこんなにうまくいっていないのよ」

しかし、彼は自分の意思を貫きたい。朝も昼も夜も彼の頭の中にハイジはいる。数日後、子供たち1人ずつに話をした。子供たちは黙り込んだ。泣くことも強い感情を爆発させることもなく。沈黙の方が良くない反応かもしれない？　彼は何をしたのだろう？　子供たちには何もかもが変わるわけではないことを強調する。同じ学校、同じ地域、同じ友達。でも、パパとママは離れ離れに暮らすことになる。２人の夫婦関係が間違っていたから別居するのではない。そうではなく、16年間本当にうまくいっていた。

妻と子供たちに話した翌日、ヨーアルの車にハイジが乗り、２人はハイジの家に向かう。自分が今、決定的な一歩を踏み出したことを彼女に伝えようと胸を躍らせる。

「僕たち、離婚するんだ」

彼女を見つめながら続ける。

「昨日、子供たちに話したんだ」

ハイジは沈黙した後、話し出す。

「ヨーアル、あなたは家族と一緒にいるべきよ」

彼女が何を感じているのか読み取れない。喜んでくれると思っていた。２人で会うことが簡単になればほっとしてくれるだろうと。もしかしたら、付き合えるかもしれない？　とにかく一歩ずつでも。だが、「家族と一緒にいて」という言葉以外に何の反応も示さない。

車中での微妙な会話の後、彼女はただ突き放すばかりになる。彼の離婚について、良心の呵責を感じたくないからだ。その結果、ヨーアルは離婚に踏み切る力を失い、無気力になってしまった。自分は何をしてしまったのかと自問自答する。こんな不確かな状況で、どうしてこんな大きな決断ができたのだろう。

揺れと迷い

またしても妻との関係を修復する。秋の間、浮き沈みはあったが順調だった。クリスマスも乗り越える。新年はいつものように家族みんなで一緒に祝う。妻といることが正しいと感じる。

新年早々、再びヨーアルに暗い時期が訪れる。日々が重たく、非生産的で、無意味だ。こんな風には生きられない。人生に喜びも意味も感じない。もちろん、子供たちや家族が一番大切だが、こんな風に感じる生活を続けるわけにはいかない。ある1月の午後、妻が仕事から帰宅する。ドアを閉め、靴を脱ぐと、ヨーアルがキッチンテーブルに座っていた。長年連れ添った経験からグレタは瞬時にして夫の心情を察した。その惨めな姿が物語っていた。

「今日はそういう日だったのね？」

このままではいけないと全身で感じながら答える。

「ああ、もうこれ以上は無理なんだ」

ヨーアルは人生でその時ほど迷いを感じたことはない。彼は自分の気持ちを整理できない。自分が全般的に不幸なのか、それともハイジを深く愛しているがゆえに他のすべてが色褪せて見えるだけなのか。すべて無意味なのだ。あの車内での思い出を糧に生きている。彼女とともに。彼女と出会っていなかったら、おそらく結婚生活に満足していただろう。たしかに退屈かもしれないが、13年も経てば普通に退屈になるのが結婚だ。知り合いの中には自分たちよりもずっとひどい結婚生活を送っている人が何人もいる。ある意味、ハイジと初めて出会う前、ハイジとの関係が自分の中の基準になる前に戻りたいと思っている。

一体、妻に何を感じているのだろうか？　妻との親密な時間は明らかに少なく、パズルのピースが欠けているように感じる。結婚生活の間ほとんど、それが離婚するのに充分な理由だとは思っていなかったが、今はそれもあり得ると思うようになった。自分を求めてくれる人がいるとどういう気持ちになるかを知ってしまった。人が互いを求める時、どういう気持ちになるかを。ヨーアルにとっては非常に重要なことだ。妻との性生活がうまくいっていないことは、他にも多くの悪影響を及ぼしている。会話が減り、寝る時間がバラバラになり、それぞれの生活が平行線をたどるようになってしまった。記憶を巻き戻しながら、離婚の理由と一緒にいる理由をすべて並べ、自分の気持ちを整理しようとする。答えが出るのを期待している。

自己分析が気持ちを要約している。人生で輝いている瞬間は妻といる時ではない。活力を与えてくれるものは他にある。だが、彼が内省し始めたのは最近になってのことだ。

彼が離婚を成立させたいと考えていることは、グレタにとってはまるで爆弾のようなものだ。彼女にとっても、他の誰にとってもショックなことだ。そして彼は、それが本当に必要なことなのかどうか熟考しながらも、その一歩を踏み出そうとしている。揺れ動きながらも、自分の感情と行動には理由があることを悟るようになった。ハイジが現れなかったとしても、遅かれ早かれ他の誰かが現れただろう。精神的にヨーアルはすでに一歩を踏み出していたのだ。妻を騙したことをもはや恥じていない――自分の中では――ということは、自分の道を歩み始めたことを示している。それが自分の権利だとさえ思っている。

しかし、ハイジとの関係がどうなるかはわからない。ハイジと何が起ころうと、妻と一緒にいることはできないとより確信を持ち始めている。ヨーアル自身、ハイジの離婚調停中、自分はハイジにとって心の拠り所となれると確信していたし、言うまでもないが、まさにその通りだった。だが、2人の関係は進展しなかった。2人の距離が近づけば近づくほど弾かれてしまう。それでも完全に離れられず、しばらくするとまた引き寄せられる。妻と一緒にいると先に進めなくなる。妻とはあまりにも多くのことが壊れ、虚しさだけを感じる。ハイジは彼自身が次に進むための梃子(てこ)になっただけで、ハイジとの間に何かが起こる可能性はあまりないことも悟っている。

不倫が夫婦関係にもたらすもの

それとも、彼とグレタは互いに歩み寄りの道を見つけることができるのだろうか? 彼が引き起こしたことすべてを踏まえて再出発できるのだろうか? 不倫は夫婦関係を終わらせるか、あるいは夫婦がまったく新しいものを作りだす次の段階へとレベルアップするかのどちらかだと言われている。エステル・ペレルとヘレン・フィッシャーは不倫後も一緒にいることを選ぶカップルを主に3つのグループに分けている。過去から抜け出せない者たち——自己憐憫タイプ。人間関係の先頭に立ち、軌道に乗せる人たちをビルダーと言うが、率先してパートナーシップを取り戻し、軌道に乗せる人たち——ビルダータイプ。そして、灰の中から立ち上がり、以前よりもさらに良いものを作る人たち——探検タイプの3つである。

自己憐憫タイプの人にとって、浮気は怒りと復讐と恨みと自己憐憫の果てしない渦に両者を吸い込むブラックホールとなる。何年経っても浮気がパートナーシップの中心になる。もちろん、浮気がなければ関係が良好であったかどうかは定かではないが、現在や過去に起きたことを中心にコミュニケーションをするようになる。当事者たちは、どちらが道徳的に優れているかを競っているように振る舞う。どんなに反省しても、どんなに「ごめんなさい」と言っても、毎月毎月、何年にもわたってこの状況は終わらない。ここでの浮気当事者の役割は、家庭から追い出されず、家庭という共同体の一員であり続けられることに恩義を感じ続けることである。浮気当事者は卵の殻の上を歩いているかのようで、過ちを犯す余地は残されていない。成功率は常にギリギリだ。自己憐憫タイプの人たちは互いに近づいたり触れたりする。浮気当事者はパートナーから「もう何もかも大丈夫、忘れよう、許すよ」と言われたかのように受け止めてしまうが、パートナーは違う。まるでその関係性が呪いのようだ。

ビルダータイプの人たちは、義務、家族、共同体のために一緒にいることを選ぶ人々である。彼らは浮気を認識し、受け入れることができる。だがそれは浮気を乗り越えることとは違う。2人の関係は以前と同じように続く。大きな変化は起きず、改善もされない。一般的に浮気が発覚すると、パートナーシップの古い問題に新たな焦点が当てられる。パートナーシップの欠陥や亀裂が突然明らかになったり、既にある安定した土台が明らかになることもある。そして、もし良好な土台があれば、「あれは単なる間違いだった、過去のことにしよう」とカップルはしばしば秘密の関係を忘れようとする。ここでは信頼が激しい情熱よりも重要視される。安定と長期的な深い関係性の方がリスクの高いジェットコースターよりも好ましいのだろう。

探検タイプの人たちは前述の2組とは異なる道を選ぶ。彼らにとって浮気は変化のための踏み台となる。新しいものを生み出し、より良い未来への種をまくきっかけとなる。起こったことを否定しようとするのではない。痛みを覆い隠そうとするのではなく、互いに寄り添い、燃え上がるような再復興を経験するのだ。この再出発には渇望や不安、相手を失うことへの恐怖が入り混じることもある。無力感や諦めより、ここでは生命力の方が強力なのだ。このようなカップルは新しい方法で再び寄り添うことに成功する。そう、浮気はしたがそれを否定せず、カップルの長い歴史の一部となるのだ。このタイプの人たちにとって浮気は交際や婚姻を破綻に追い込むような決定的な出来事ではなく、まったく別の役割を担う。彼らは「あなたが私にあんなことをした時」ではなく「私たちが危機に陥った時」といった言葉を頻繁に使う。2人はともに物語を紡ぎ、互いを再発見するようなパートナーシップの中で、何か新鮮で刺激的なものを見出す。マンネリは成長に取って代わる。パートナーシップを修復するためにゼロから始める必要があることもある。ここでもしばしばそういうことが起こる。

妻とこのままいてもうまくやっていけるかヨーアルにはわからない。確信がない。自分は16年間築き上げてきたものを壊してしまったと感じている。

そしてハイジはもう彼を必要としていない。

彼は迷子のように手ぶらでそこに立ちつくしている。

心理学者アンジェラその6

離婚のストレスと結婚の後遺症

フィンランド系スウェーデン人の気さくな受付係の女性にセラピストの予約を頼んだ。離婚してからずいぶん時間が経っていたので、もう深く悲しむこともなくなり、夫の裏切りも完全に処理できているはずだった。だが、そうではなかった。私はまだ悲しみの中にいた。何がどのように起こったのか理解できず、ただ傷つき続けていた。話をしはじめると1層、また1層と数え切れないほど悲しみの層が剝がされていく。完全な終わりなんてあるのだろうか？　過去を背負いたくないならこのプロセスを信じなければならない。元夫との過去に囚われず自分の人生の次の一歩を踏み出したかった。

離婚し捨てられたことが重荷だったのではなかったことにその日気づいた。長い歳月の間に重ねた夫婦関係、行動パターンや言動の方が深刻だったのだろう。14年という歳月は夫の不倫の期間よりも長い。離婚調停期間よりも長い。現在の生活は安定していて、子供たちと一緒に暮らし、毎日は順調だった。だからこそ、以前受けた人生の傷を感じるようになった。常に何かを待ち構えて生き残ることだけに集中するような状態では気持ちの整理をする余裕はなかっただろう。危機というのは後から、本当にすべてがうまくいっている頃にやってくるのだ。それは理解していた。それでも前に進みたかった。トンネルの先には光があると自分に言い聞かせた。危機に直面し、困難に立ち向かおうとしはじめた当初から既にその光は存在する。道を閉ざされたり、行き詰まっても、立ち止まることなく本当に動き出した時、既に行動と方向性は定まっている。いつもそうである必要などないとわかっていても、そうした考えに支えられ、希望を感じられた。

しかし、待合室に向かう私は重苦しい雰囲気に包まれていた。何も答えが見つからない暗い時期もあったが、はっきりとした洞察が得られることもあった。こうした時期を一歩一歩、より良い人生に向かって進んでいく自分の姿として捉えたかった。不必要な不安を抱いたり防御したり、言い逃れをすることなく、私は本来の自分になりつつあった。背中のリュックはもっと軽く、意識せずに背負えるようなものになっているはずだった。いずれそうなることは知っていたし、そう感じてもいた。重苦しい出来事はすべて混ざり合い、時は過ぎ、ありのままの自分で大丈夫だと感じるようになれるだろう。

エレベーターで上がって小さな待合室に座るとまた感傷的になっていた。そこにここしばらくの間、親身になってくれている女性セラピストが現れた。いつの間にか会話は子供時代に及ぶ。その日は幼少期について話していた。離婚、不倫、そして結婚に関連した新しい傷はかなり癒えていた。だが古い傷、より深い心の痛みはそうではなかった。知らないうちに抱え込み、私を悩ませ、水面下で支配する傷。しかもそれらはしばしば新しい傷と絡み合っている。私の場合は、終わらせるべき悪い関係にとどまろうとすることだった。つながりの強い家族にしがみつきたいという願望。しばらくすると、親切なセラピストはそっと、時間が終わりに近づいていることを告げた。

黒いハンドバッグに手を伸ばした際、出演したテレビ番組でヘアメイクさんが頭に脱毛症状を発見したことを思い出した。ストレスや危機が抜け毛の引き金になることもあると言っていた。肉体と精神は密接な関係にあり、髪は私たちの生活に敏感に反応するのだ。

再びパニックに襲われた。もし髪が全部なくなったらどうしよう？　セラピストも私もそんな心配は必要ないと結論づけた。そして、体も緊張していたことを思い出した。

真実と裏表のない事実

元夫との間にできた距離感と、包み隠さず弱さを見せ合える対話の欠如を考えると結婚を続けていたらどうなっていたことか。だが、一緒に居続けることを選んだ人たちにとって、真実と裏表のない事実は大きな意味を持つ。

夫婦間の信頼は、不貞を働いた側が自白し、話すことによってのみ取り戻せると考える人々がいる。これは、愛を率直さと親密さに基づくものと考えていることと密接な関係がある。浮気された経験がある人の多くは、浮気そのものよりも嘘の方が深刻だと感じている。嘘は他の人と関係を持たれることよりも屈辱的なのだ。一方で、嘘を心遣いや尊敬の行為とみなす文化もある。「過ちを犯したのは自分なのだから、パートナーの心の平穏と名誉は守られるべきだ」と。秘密にすることでパートナー、つまり恥をかかせたくない相手、傷つけたくない相手を守る。これもパートナーシップの秩序を保つ手段である。浮気の軛(くびき)は、過ちを犯した者だけが背負うべきだという考えだ。「私たちがする最も利己的な行為は、憂悶する良心の呵責を和らげるために自白することである。それは自分自身を苦悩から解放してくれるかもしれないが、その反面、パートナーをかつてない苦悩にさらすことになる」

私自身は夫に何があったのか知りたかったし、話してほしかった。中途半端な嘘や脚色された現実が苦手なのだ。疑問符と不可知が私を憂鬱にし、閉じ込めた。そうでなかったらもっと早く回復できたかもしれない。他人が知っているのに私は知らなかったという事実も辛かった。２人だけの問題だと思っていたのに。
浮気の多くが表に出てこないことも知っている。隠されて誰も知らない。
それでも自白を選ぶ人もいる。なぜなのか？　統計を探すと答えはすでに述べたとおり、「罪悪感」が最も多い。47％が罪悪感から打ち明けている。その他の理由としては自分が不幸せな理由をパートナーに説明したい（39・8％）、パートナーには知る権利があると思う（38・6％）などがある。

ヨーアルの中途半端な告白は、結婚生活に満足していないと示すためだったのかもしれない。ヴェラは満足していないという事実を夫に打ち明け、スキンシップについて話し合おうとした。私は自分自身の状況をあらためて考えてみた。元夫から何の説明も答えも得られなかった。そういう場合もある。もしそうなら、知ることから始めて、充分な納得感が得られることを願うしかない。外部から——つまりパートナーから——欲しいものを得るのではなく、自分自身で必要なものを探し出さなければならない。そう、私は夫の写真が掲載されたインスタグラムのプロフィールを見つけ、それが答えをくれた。少なくとも、より具体的になった。

浮気をした４人に１人しかパートナーに打ち明けない。浮気が発覚するのもほぼ同じ割合である。アメリカの精神科医で作家であるケネス・ポール・ローゼンバーグによれば、不倫となると明るみに出るのがわずか10％だという。90％は隠されたままなのだ。ことは始まり、続き、やがて終わる。すべて日の当たらない、誰も知らないところで。隣人や子供の学校の友達の親、知人だったり、幼なじみ、両親の知人も知らぬところで。

次に私が知りたかったのは、浮気はいつ告白されるのかだった。当事者は良心の呵責に苛まれ、すぐにでも告白するのか、それとも先延ばしにするのか？　つまり、メリットとデメリット、リスクと結果を悩み抜いた末なのだろうか？「もし彼が怒って、二度と会いたくないと言ったらどうしよう？」あるいは「みんなにバレて、家から追い出されたらどうしよう」というのが浮気当事者の考えかもしれない。実際には、自白する人の約半数は1週間以内に打ち明けている。既婚者は未婚カップルよりも若干、長めに待つのが一般的なようだ。彼らは大抵、生活がより複雑に絡み合っているため、失うものも大きい。既婚の告白者の47・9％は6カ月以上待っている。

ここからはパートナーの浮気を知り、一緒にいることを選んだ人の場合だ。浮気が発覚または自白により判明した当事者の実に61％が浮気後にパートナーが新しいルールを導入したと答えている。もちろん、ごく自然なことだ。可能な限り身を守りたい。愛されたい、安全でありたいという欲求は、私たちのDNAに刻まれているようなものだ。選ばれず、拒絶されることは生存の奥深いところに影響する。部族、一族、親族、家族に属し、その一員でありたいという欲求は進化の中心にある。最愛の人とともにありたいということもだ。浮気をされると世界観に亀裂が入り、崩壊する。信じていたものすべてに疑いを持ってしまう――自分自身、パートナー、周りの人々や世界。また愛されるだろうか？　自分を愛することはできるだろうか？

浮気が明らかになった後、続ける価値があると証明できるかどうかは、パートナー次第である。浮気した側は信頼を取り戻すために全力を尽くさなければならない。浮気を経験したカップルを支援する臨床心理士が語ったところによると、浮気の後には、いわゆる信頼回復に向けた取り組みが重要になることが多いという。これには、浮気した側が旅行に行くと言った場所の写真を騙されたパートナーに改めて見せたり、自分のスマホを見せたりすることも含まれる。騙された方は、パートナーの浮気を心配せずにシングルでいられる機会を逃す。あるいは、性的に誠実な相手と出会うチャンスを得る代わりに、貴重な時間を――何時間も、数週間も、何年も――間違いをしでかした相手に費やすリスクを負う。

浮気されたパートナーがよく導入する〝ルール〟には、デジタルな透明性の確保などがある。カップルの過半数（55・7％）が浮気した側のスマホをそのパートナーが見られるようにしていると報告している。その他の一般的な結果としては、特定の友人を避ける、外出の制限、パートナーに自分のSNSへのアクセス権を与えるなどがある。パートナーの明確な許可なしに、自分が惹かれている性別の人と話すことを許されないことも含まれる（27・8％）。さらに、浮気されたパートナーがセックスをしたくなくなることもよくある。

結婚の季節、離婚の季節

あの頃は時々、元夫との結婚式を思い出していた。結婚式は私が堅信礼をしたのと同じナッカ教会だった。古いアルバムを引っ張り出しては式の写真を見る。降り注ぐライスシャワーの中、教会の階段に立っている写真。次のアルバムには長女を授かった時の写真。涙が溢れた。こんなはずじゃなかった。アルバムの後半には毎月毎月、大きくなっていくお腹の写真。産院で新生児を胸に抱く自分が写っていた。黒いおへそをした赤ちゃんの写真。青い浴槽での初入浴。幸せそうな祖父母の腕に抱っこされた長女の写真。

フィンランドへの初めての休暇、初めてのサウナ。次女の誕生。産院、家への帰路、長女の最初の笑顔と初めての一歩。

私たちの人生は離婚という結果になった。たくさんの幸せな瞬間。多くの困難な局面。成功した結婚は葬儀場で終わるとどこかで聞いたことがあるが、私たちはそうはならなかった。本当に憂鬱な話だ。もちろん、結婚生活がそれなりに幸せなら、葬儀場で終わるのもいいことだ。根っこに優しさや善意があれば、互いのため、2人の関係性のためにケンカをすることはもちろん正しい。しかし、そうでないなら葬儀場がゴールであってはならない。完璧な関係も完璧な人間も存在しないが、男女が互いに犯している過ちは適切なレベル、適切な範囲に留まる必要がある。

結婚統計によると、スウェーデンでは典型的な婚姻は8月の土曜日に行われる。35歳前後。あまり楽しい話ではないが、典型的な離婚は10月か1月に行われる。8月や12月の休暇中は一緒にいる時間が長く、亀裂が無視できなくなるのがその頃、というのが定番の理由なのだろうか？　休暇中は職場やジム、学校や友人などといった逃げ場がないからだろうか？　休暇が終わって家に帰ると気づく。少し間をおき、パートナーに話し、もう少し間をおいてさらにもう一度考え、取り掛かるのだ。1月に離婚する人は「子供たちに落ち着いたクリスマスを楽しんでもらい、離婚はクリスマス休暇明けにしよう」ということだろう。年代別では40代同士の離婚が多い。

もちろん、交際関係に保証などない。長続きする関係もあればそうでない関係もある。誠実であり続けるカップルもいればそうでないカップルもいる。事実が判明するのは最後だ。長い結婚生活はしばしば偉業とみなされる。両親が揃い、1人以上の子供がいる家庭は文字通り、ステータスを高める装備一式だ。それは成功と幸福の規範であり、完璧が具現化されたものだ。休日やクリスマスの幸せそうな家族の写真には多くの「いいね！」がつく。裏切りや不倫によって、この恵まれた結束を崩すことは、犯しうる最も恥ずべき罪の1つなのだ。

だから、不幸であっても〝死が2人を分かつまで〟結婚に留まる人は多い。私の親友の叔母、バルブロもその1人だった。バルブロはオーケとずっと一緒に暮らしていた。2人は若い時に出会い、若くして子供をもうけた。人生は彼女の想像したようにはならず、決して幸せではなかったが、2人は一緒に暮らし続けた。来る年も来る年も。数年前にオーケが亡くなり、葬儀の時、隣にはバルブロのための墓も用意されていた。夫の死から数年後、バルブロも他界したが、彼女はオーケと同じ墓には入りたくなかった。

最後の安息の場所として、両親の埋葬されている一族の墓を考えており、子供たちにもそう説明していた。しかし、ここからが問題だった。一部の親族はバルブロは夫と一緒に埋葬されるべきだと言った。彼女の遺志を尊重し、一族の墓に埋葬すべきだと言う者もいた。息子はバルブロの遺志を尊重する側だった。前もって決まっていた埋葬の日、息子が葬儀屋に骨壺を受け取りに行くと、骨壺はなくなっていた。「親族による受取」と書類に書いてあり、オーケと一緒に埋葬したかった親族が引き取ったのだ。その親族は埋葬日も予約していた。息子が予約した埋葬日の前日に。

幸いなことに息子が計画を中止させ、遺志に従って一族の墓に埋葬されることになった。バルブロはオーケと離婚して生きていくことはできなかったが、最後の安息の地を彼と共にすることはなかった。親友は私にバルブロの運命を話すと、感情を抑えながらこう言った。

「バルブロのようになるのが一番怖い。皮肉と失望まみれになるのが。おかげで離婚に踏み出せたんだと思う」

バルブロの運命は私の心を揺さぶり、本書の執筆過程で何度も彼女のことを思い出した。おそらく彼女の夫婦関係は生涯にわたり付き合っていけるものだったのだろう。しかし、それは体だけで、心の奥底の核となる部分ではない。今日、平均寿命は徐々に延び、成功した結婚が葬儀場で終わるべきだという考え方は幸いなことに以前ほど一般的ではなくなった。

ヴェラその7

初めての相手選び

20年間、夫としかセックスしてこなかった。他の誰とも。それが今日変わる。不思議な気分だ。間違っているようでもあり同時に正しいような、何か決定的なことが起ころうとしている気がする。

不倫が問題の解決策になり得るのかという不安と罪悪感をヴェラは抱え続けている。不倫は苦しく、不安で、ストレスがたまる。夫とはスキンシップと性生活の欠如について話し合った。それがきっかけで、2人は努力するようになった。まるで、一緒にいる時間が本当に終わってしまうかもしれないという気持ちが、2人の距離を縮める機会を見つけたかのようだった。彼女の間接的な最後通告は、夫に新たなイニシアチブを取るよう促した。奇妙なことに、いい気分ではなかった。機械的な解決策のように感じた。下手にパテ埋めされた壁にペンキを塗り、最終的に完璧な仕上がりを目指すような、現実離れしたもの。あるいは、廊下に臭いゴミ袋を置いたまま、朝、香水を吹きかける時のような感じ。これは本当の解決策ではない。必要な土台が欠けている。温もりも心遣いもない。抱きしめてくれる人、純粋に関心を持ってくれる人が恋しいのだ。マルクスといる時ほど孤独を感じたことはない。

ヴェラの不倫相手は慎重に選ばれた。名前はペーテル。ストックホルム在住で、結婚歴は同じくらい長く、不倫未経験者だ。ヴェラと同じく。初体験の相手として彼の何が最適だったのか？　理由はいくつかある。とてもチャーミングで落ち着いている、ヴェラにはそう見える。そこまで押しが強くない。それに妻を愛していると明言している。これは重要なことだ。自分の立場について、精神的に安心しきっているように見えるし、彼女が恋に落ちるような相手ではない。これらはすべて、計画が軌道に乗り、不倫関係が性行為に留まるための重要な条件だ。交際が恋愛に発展しないこと。実際、自分の気持ちに責任を持つべきだとヴェラは思っていて、少し気がかりなのは、男性陣がそうした話を持ち出す場合が多いことだ。それに、どんな風に持ち出してくるのかも。妻をどれだけ愛しているかをしきりに言ってくる男性もいる。決して妻から離れないと確信していて、妻は親友であり、伴侶であり、これからもそうだろうと言う。それが彼女を苛立たせる。自分と恋愛する意味がないと悟らせるために言うのだとヴェラは思っている。「俺に惚れないでくれ」とはっきり言う人もいる。どう考えても自分を高く評価しすぎだ。なぜ彼らはヴェラが自分に惚れると思うのだろう？　ヴェラの気持ちが動くほど、自分は魅力的だとなぜ思えるのだろう？　彼女からしたらセックスだけの関係で充分だとなぜわからないのだろう？

不倫デビュー

口うるさいくせに気まぐれな男たちもいる。結婚生活が幸せかどうか曖昧な態度をとる男たちだ。最初のうちは妻との関係は良好であるかのように装う。死が2人を分かつまで一緒にいるよと。苗字も住まいも明かさなかった男性がいた。ヴェラがのぼせあがって自分を探し出すのではと恐れていたのだ。そのくせヴェラがどこでどのように暮らしているかを確認しようとこっそり彼女の家を探しに来た男だった。妻が就寝すると大胆になって、妻が寝ている隣の部屋にスマホを片手にこっそり入り、服を脱いでビデオ通話をしようと毎晩のように提案してきたのも同じ男だった。

男性陣のこの妄想癖と明白なダブルスタンダードは不快だった。ヴェラが恋に落ちると決めつけるのをやめてくれないだろうか？　彼らは場をわきまえずに女性をもてあそんだり、「好き」などと甘い言葉を囁いて相手の心の繊細な部分に近づいていいと思っている。セックスだけの関係でいいという割に、あまりにも甘えた態度だ。時には「愛してる」という言葉も使う。とんでもない、こんな秘密の関係に存在しない言葉ではないか。飛行機に爆弾を持ち込むくらい危険で、「機内に爆弾が」と聞いたら誰もがパニックになるだろう。存在してはならないし、暴露してもならない。すべてを破壊し、不倫を密室から公衆の面前に出す危険な言葉だ。子供たちと同じ屋根の下で暮らす生活、2台の車に別荘、共通の友人や休暇、共同の貯金口座から恒例の家族行事、果ては快適な生活環境を可能にする経済力まで、すべての日常生活を回す機能的な歯車を備えた家庭生活を破壊することになるだろう。そんなことさえなければ2人の人生はとても良いものだ。表面的な問題はさほどなく、本当に問題となる部分が表に出てくるのは離婚後だけだ。その点、ヴェラは率直で、人は皆、現実には自分が望むよりひどい姿をしていると思っている。「フレドリックは6月にサマーハウスを建てていたのよ」「エミルは子供たちの面倒見がいいから、育児休暇を半分取ってくれたわ」と言ったところで家庭の閉ざされたドアの向こうでは2人とも恥ずかしくなるほど男尊女卑だったりするのだ。

働きすぎで、人生の優先順位がおかしくなっていて、男女が対等どころか利己的、理性的に問題解決ができないから口論ばかり。

夫婦の歯車は他の歯車と注意深く組み合わされ、10年、15年、20年以上にわたって磨かれた人生の構造を機能させ、生活を回す。言い争い、夫婦ゲンカの火種、暴言、沈黙、週末の大量飲酒、2人に今あるものがどちらも自覚できないほどひどい状況だという痛切な事実。というのも、もしも「一緒にいて不幸せだ」と認めてしまえば自分たちがひどい人間になってしまう。健全な人なら「終わりにしよう。もう充分だ。何かを変えないといけない」と言える充分な自尊心があるはずだ。

人は馴染みのない未知の世界より、馴染みのある地獄を選ぶという古い決まり文句を、ヴェラは信じている。自分の境遇について考える。離婚は単純に大変すぎる。負担が大きすぎる。フルタイムの仕事と3人の子供を抱えながら、どうやって1人で切り抜ける? 家を処分するだけでも膨大な時間がかかる。いや、自分にはできない。人が結婚という取り決めに留まる選択をする理由がわかる。だから不倫で自分の問題を解決する。それが日常の機能全体を維持し、うまくいかない部分を補う方法なのだ。セックスとスキンシップ、関心と刺激、そしておそらく愛に似た何か。家庭で安心感を得て、他所(よそ)で新鮮味を手に入れる。不倫は応急処置になるはずだ。夫とのセックスレスやスキンシップの欠如だけがうまくいかない原因ではないだろうということは以前よりわかりつつある。

人には物事を単純化したい欲求があるようだ。大きな問題に対して安易な解決策を見出そうとする。ヴェラ自身にもその自覚がある。夫婦関係について言えば、一部分だけを変えても〝良い関係〟にはならない。マルクス自体が自分にふさわしくないのだ。

いよいよ不倫デビューの時が来た。相手はペーテル。最初の相手は大事だ。2人はメールを送り合い、3回デートを重ねた。ヴェラは2人のこれまでを思い浮かべると笑ってしまう。最初に会ったのはカフェで、外で挨拶をした。カフェに入り、1時間座って話をした。2回目は市内にあるストックホルム近代美術館だった。3回目のデート――ユールゴーデン島の散歩――で彼は恥ずかしそうに尋ねた。

「これからについてどう思う、ヴェラ？」

何を言っているのかわかっている――デートで充分なのか？　次の段階、つまりセックスに踏み出すのに充分、僕のことを知れたと思う？　どう？

デートは3回した。ヴェラにとって、初めて婚外セックスをする人がふさわしい相手であることは重要だった。途中で自分は取り乱すのではないか。ホテルの部屋に入ったとたん、尻込みするのではないか。あるいは途中で逃げ出さないだろうか。どんなことにも大人の対応ができる男性でなければならない。場合によっては「やっぱりやめよう、大丈夫だよ、ヴェラ」と自分を抱きしめながら共感してくれる男性でなければならない。

今日がその日だ。今日、彼女はペーテルとセックスするのだ。

初めての婚外セックス

ペーテルは結婚して21年になるが、その間ずっと誠実だった。ヴェラは夫との20年間を誠実に過ごしてきた。今日、2人の誠実な人間が不倫をするのだとヴェラは突然思いつく。それは運命的な感覚だ。夫以外の誰かとセックスするのはどんな気分だろう? 気が遠くなるようだったし、目まいがするようだった。いい意味ではなく、はるかに複雑で行き場のない意味合いでの目まいだ。

2人の家の中間地点にある小さなホテルを予約した。少々みすぼらしく安っぽいが、充分だ。正午に待ち合わせるランチデート。少し遅れて到着すると、彼はすでに部屋に上がっていた。ペーテルはヴェラの気が変わったのではないかと疑い始めていた。ヴェラはヴェラでエレベーターを降りて部屋に向かう途中、彼がもう服を脱いでいるのではないかと思い始めていた。ベッドに横たわって待っている？　そんなはずはないと思い直す。ドアをノックすると彼は上着以外はすべて身につけた状態でドアを開けた。少し自信がなさげで、どう対応すべきか迷っているようだ。ヴェラもわからない。2人とも不倫初体験だ。初心者で不器用なのだ。

「やあ、ヴェラ」と、ペーテルは不安そうに微笑みを浮かべた。ヴェラが本当に現れたことに少し驚きながら、彼女が中へ入れるよう重い部屋のドアを支える。

「どうも、遅くなってごめんなさい」とヴェラはなんとか声を出し、やわらかくハグした。

2人とも初めてだが、目的を達成しようとする決意は固い。彼が彼女の初めての相手となり、彼女が彼の初めてになるのだ。

ヴェラは明るい色のタイルが張られたバスルームに入る。服を1枚ずつ脱ぎ、銀色のタオル掛けにかけた。バスルームは、これまで見てきたホテルのバスルームの中でも最もモダンとは言いがたい。だが照明は薄暗くてありがたい。裸の自分を特に気に入っているわけではないからだ。細部まで見える必要はない。

下着は慎重に選んだ。サイハイストッキング、美麗なパンツ、黒いレースのコルセット、ハイヒール。「こんなものに大金を使うのか？　どうせ脱ぐのに」白いコットン以外の下着を注文すると夫はいつもそう言う。夫は一度も興味を持ったことがない。それでもヴェラはドレスアップするのが好きなのだ。美しいと思うし、コルセットはお腹の余分な肉を隠してくれる。最後に鏡に映った自分を見てからバスルームのドアを開け、ペーテルのところへ向かう。

服を着たままベッドの端に座っていたペーテルはヴェラを目の当たりにし、息を飲む。不意をつかれたようだ。下着姿で化粧を直して出てきた彼女が本気なのだと気づいたのだろう。ヴェラは真剣なのだ。決心もしている。遠回りなことをする必要はない。「さあ、しましょう。すると言ったのだから、当然よ」

ペーテルは大人の男というより少年に見える。緊張しているのだろうとヴェラは思う。この瞬間に何を期待されているのかわからないのだ。1秒1秒、1分1分を大事にしよう。なるようになるはずだ。ヴェラはバスルームから出ていった時の彼の慎重な眼差しがうれしい。ヴェラの下着へのこだわりも気に入ってくれたようだ。ヴェラは彼の隣に座る。白いシャツとジーンズ姿のペーテルを見て、先走りたくないから服を着たままなのだとヴェラは気づく。彼は敏感だし、気が利く。ヴェラは少しおしゃべりしたいのかも、と思ってくれていたのかもしれない。

ヴェラは彼の背中に手を回す。そして急にドキドキするが、もう一方の手を彼の太ももに置く。キスをする。一度だけ。情熱的なキスではないが、部屋の熱を高めるいいキスだ。ペーテルはヴェラの手をベルトのところに持っていき、自分の望みを示す。ヴェラはベルトを緩め、ズボン、シャツとボタンを外していく。残りのボタンは彼が外していく。男性の服を脱がせるのは楽ではない。居心地が悪いというより不慣れなのだ。経験のないティーンエイジャーのようだ。家で夫とベッドに入る時、彼はいつも自分で服を脱ぐ。結婚とはそういうものではないのだろうか？ ペーテルがヴェラに積極的になってほしがっていることに気づき、ヴェラは彼を求めていることをアピールする。以前、妻がセックスを楽しんでいるようには思えないと彼が言っていたのを思い出す。彼は、妻が行為にただ参加しているように感じている。セックスは夫のためにするものであり、結婚に属するものであるかのように。月曜の朝に出勤するのと同じで、楽しくも感動的でもなく、ただするだけ。とはいえ、これまでヴェラが接してきた多くの男性とは違い、ペーテルと彼の妻は定期的にセックスをしている。クリスマス・イブや誕生日よりも頻繁に。彼女はまた、ペーテルが女性に主導権を握られ、ぐいぐい来られると興奮すると話していたことも覚えている。理想を言えば、自分の服を破いてもらいたいのだろう。妻はしないが、愛人だったら。うなだれたペニスも触って欲しいようだ。ペニスをしごいて硬くするのはまったく問題ない。柔らかい男性器には興奮する。彼がそうされるのが好きならしてあげよう。ヴェラはペーテルの下着の上から、より秘められた部分をそっと触る。「ああ、準備ができている。余計なことは不要だ」とヴェラは満足する。彼は彼女を求めている。彼女を求めることができる、その証拠の1つがこれだ。自覚しているわけではないが、彼女のセルフイメージが〝愛されない〟から〝少なくとも体は求められている〟へとアップグレードするにつれ、金塊のように光り輝く自分の価値が現れていく。まだそこまでではないが、出発点としては上出来だ。

2人は下着姿のままベッドに入り、ヴェラはコルセット以外を脱がされる。コルセットは余分な肉をキープするために必要なのだ。互いを強く抱きしめ合うまで2人は互いに触れ合い続ける。彼は彼女の求めるもの、彼女の興奮を感じたいのだ。ただ、あまり強引になりすぎて怖がらせたくもない。しかし、ヴェラは今がその時だと示す。待ちきれなくなり、自分の上に彼を抱き寄せる。彼は彼女の中に入り、2人はセックスをする。

彼は汗をかいている。緊張からか、それとも5月にしては珍しく暖かい日だからか。コンドームで焦ったせいかもしれないし、この状況全体のせいかもしれない。

ことが終わり、抱き合い、会話を交わす。2人はセックスしたのだ。ヴェラは彼の優しさに心を打たれる。

「どんな気分?」

「意外といい気分」とヴェラは答える。初めてなのに驚くほどしっくりきている、と付け加える。

ヴェラは自分の冷静さに、苦しさや自責の念がないことに驚いている。気分が悪くなったり、ひどく不快な気持ちになると思っていた。「なんてことをしてしまったんだろう」と、ホテルでの時間は涙で終わるかもしれないと。でも、相手がまさに彼――優しくて親切で思いやりのあるペーテル――であったということが、初体験を良いものにした。最高の瞬間だった。2人は添い寝しながら、それぞれの結婚生活について語り合う。長年の貞節について、そして今、自分たちがいかに決定的なことを成し遂げ、いかに敷居を越えたかについて。

2人はゆっくりと、共にした時間を切り上げる。服を着て、抱き合う。昼休みが終わり、それぞれの職場へ戻る。メールでのやり取りをする。心地よい。2人は大切な経験を分かち合ったが、もしかしたら彼は自分ほど気持ち良くなかったのではないかという不安がヴェラを襲う。自分は必要とされていないのではないかという不安が押し寄せてくる。彼は自分がとても緊張し、震え、興奮し、少し気負いすぎたと返信してくる。何年もの間、想像の中でしか経験しなかったことが現実になっているのに、夢中だったと。

ホテルの部屋はとても暑かったとヴェラは思う。バスルームで水を飲むため、2回も中断しなければならなかった。彼にとって容易なことではなかったのだ。汗だくで、ストレスと緊張を感じていた。「コンドームもずっと使っていなかったし、結婚する前もイキにくかったんだ」と彼はメールを締めくくっていた。

いい気分だった。彼は気持ちよかったと思っていた。自分はよかったのだ。

ヴェラは20年間、夫のルールに従って生きてきた。今、自分の人生を自分の手で切り開いた。それでも彼女はこの後、夫と目を合わせられるか考えている。

ヨーアルその7

「不安定な回避型」の女性

ヨーアルとグレタの結婚はもはや救えない。ヨーアルが望んでいないからだが、あまりにも多くのものを傷つけてしまったからでもある。

ヨーアルはハイジを求めている。だがハイジが彼を求めるのはヨーアルが家庭に集中している時だけだ。彼女にエネルギーを向けると引いてしまう。もし彼が自由の身だったら彼女の興味を引いただろうか？　この距離感が問題の核心なのだろう。彼が近づくと彼女は遠ざかり、彼が離れると近づいてくる。安全な距離からしか気持ちを抱くことができないのだろうか。彼女が求めているのは既婚者のヨーアルなのかもしれない。自由でいつでも会えるヨーアルではなく。

友人のミカエルはハイジを〝有害〟と呼ぶ。彼は彼女の行動の説明に愛着理論を持ち出し、いわゆる「不安定な回避型」なのでは？　と言う。他人との感情的なつながりを決して心地よく感じない人たち。自分が安心できる以上の親密さを他者が求めていると感じると距離を取る。感情的なつながりはしばしば自立心の喪失に等しい。そのため彼らの行動の多くは、パートナーやデートの相手との親密さを減らすことが目的となる。

ハイジとの関係では、ヨーアルは自分の方がより多くを求めており、彼女にしがみついているように感じるのが嫌だった。しかし、この永遠に続くダンスは2人の間の明確にできない絶対的な距離感のせいで決して落ち着くことはない。うまくいくためには常にどちらかが離れていかなければならない。いや、むしろ彼の方が少し手の届かない距離にいなくてはならず、そうすれば彼女は近づいてくる。そんな関係があるだろうか？それは彼が常に無関心を装わなければならないということを意味する。終わりのない中途半端で曖昧な関係だ。彼が身を引くと、彼女はびっくり箱の人形のように現れる。離婚が長引き、妻に悪夢を見せることになったのも、押したり引いたりヨーアルが揺れ動いたからだ。考えただけで背筋がゾッとする。

それでもまだハイジから離れられない。ハイジへの思いが強すぎる。天秤を間違った側に傾けてしまった。もし2人とも結婚していたら、あるいは独身同士だったら、天秤はフラットで、もっと対等だっただろう。しかしそうではなかったから、独身のハイジにしてみれば2人のバランスを均等にするためにヨーアル以外の人とデートするのも自然なことだったのだろう。自分が不利な立場にならないために。

秘密の恋人や愛人という役割では、自由と同時にひそやかな妄想相手という立場を手にする。ある意味では素晴らしく、別の意味では悲しくもある。公のパートナーシップが持つ安心感がないのが欠点だ。愛を証明する人も誰一人いない。何十年、禁断の関係が続いても、結婚相手が他界した時のようにお悔やみを言ってくれる人は誰もいない。そんな関係は安定した長期的なものにも、不明確な不安と安定が入り混じった奇妙なものにもなりうる。

もしかしたらハイジはそういう不安定な回避型なのかもしれない。ヨーアルはその考えを反芻する。ハイジのアカウントにはデート用のプロフィールがある。他の人とデートしていることも隠していない。ヨーアルはそれがひどく嫌だ。

ハイジ、僕らの関係をどうするのかまだ決めかねているけど、はっきりわかっているのは、君が好きだということだ。だから、君に会いたい、と試しにメールをしてみる。

ハイジからの返事はない。自分の執拗さにうんざりしながら、もう一度メールしてみる。「返事がないのも、返答なのかな?」

今度はスマホが震える。

「そうね、たぶん。関係をどうすべきか、まだ考えてるのかも」と返信してきた。

「ハイジ、僕に対しては本音でいいよ。わかってるだろ。ありのままを話してくれ。沈黙の方がもっとつらい」

そして、彼は望んだ答えではない返信を受け取る。「あなたに会いたいわ、ヨーアル。私が会いたいの知ってるでしょ。でも、友達として♡」

彼はメールを続けることに耐えられなくなる。彼女の感情は彼が抱いている感情とあまりにも対照的だからだ。

交換可能な存在

数時間後に「ヨーアル、元気♡?」と届く。

返信する心構えができた彼は答える。「やあ！♡　大丈夫だよ。子供たちの世話で慌ただしくて、ご近所さんを手伝ってた。気持ちの整理が必要だってことにも気づいたよ」

心の内をさらけ出し、続ける。「僕たちが一緒に夕暮れ時を歩くことはないとわかったんだ。不思議だが、僕はそれでもいいと思ってる」

報われないのはつらい。これから進む先にハイジがいないことに彼は気づいたのだ。彼が描いていた2人の姿は——その日おそらく、かつてないほど具体的に——崩れ去った。君のメッセージは矛盾していたと返信を続ける。君は興味を示したり身を引いたりする。それも同時にだ、とリスクを承知で彼女の矛盾を指摘する。絶対に対立したくない相手がいるとすれば、それはハイジだ。彼女は決然と、明確に、相手と対峙し、決して相手を勝たせないだろう。彼女は誰にも負けない。それでもヨーアルは彼の人生で大事な彼女に説明を続ける。曖昧には振る舞えない。そんなことをすれば自分を許せないだろう。

君の「友達として」という言葉に疑問を感じるんだ。どういう意味？

友達であることにノーとは言わないが、彼女にとっての〝友達〟とは？　長いメールになった——彼女が他の人ともデートしていることや、それを彼も共有していること。いずれヨーアルも他の人とデートし始める。その時、ハイジはどう受け止めるだろう？彼女は2人の関係をただの友情だと言っているが、彼にとっては唯一無二で、特別な引力と魅力がある。他の人とでは経験できない。

君の近くにいると、君に触れたりキスをしたりするのが自然だし、一緒にいるといろんな感情が湧いてくるんだ。君は僕に同じ感情を抱いていないんだよね。そう解釈したよ。

彼女は彼の率直さと優しい言葉に感謝する。そう、確かに2人の関係について考える必要があるのかもしれない。ヨーアルはもう一度メールを読む。これで終わりかもしれないという不安と悲しみ。彼女は自由でいようとしていたのだ。彼女が直接言ったことではないが、彼の感覚だ。

やり取りの数カ月前に、自分がいかに交換可能な存在であるかははっきりしていた。ハイジから「うちに来れる？」というメールが届いた時、妻と子供たちと一緒に家にいたヨーアルはどうしても出かけられず、そう伝えた。

翌日、連絡をとると、ヨーアルに断られた後、ハイジは他の男性に連絡していたことが判明した。彼女への強い気持ちにもかかわらず、彼はなんとか事態を俯瞰して眺めることができた。彼女は自分が家族と一緒にいることに苛立ちを感じたのだと言い聞かせようとした。彼女は自分が自由だと思いたかったのかもしれない。だがもしかしたら、いやおそらく、彼女は彼のことなどどうでもよかったからそうしたのだろう。

自分の感情を麻痺させ、彼女への執着を感じないように自己治療する必要があった。ヨーアルは他の女性とデートすることで自らを治癒しようとする。

夫婦を成り立たせてきたもの

ハイジとの最初の出会いから2年が経った。ヨーアルは正式に離婚したが、まだグレタと一緒に暮らしている。グレタは元夫から受けた仕打ちに耐えかね、顔を見るのもつらい時期もあったが、毎朝2人はハグをする。2人の将来に希望を抱いても、なんとか脇に置くこともできるようになった。彼女は人間らしい理由から彼がそうなったのだと理解している。きつい時期は、ヨーアルが誓いを守らなかったことへの失望感が強かった。何と言っても、別の女性がいたのだから。

ヨーアルの方はじきに引越すのだからと争いを我慢しようとする。もう少しの辛抱だ。離婚によって、以前は少しぎくしゃくしていたことが輪郭を濃くする。彼は元妻に感謝と安堵を感じていたはずなのに、別居を待つという空白状態での暮らしが長引くのはもどかしい。ヨーアルは、自分が以前は我慢できていた確執に折り合いをつけるのが難しくなっていることに気づく。おそらくグレタも同じだろう。彼女は彼のすることにさらにイライラしている。ある日、彼女はこう言った。
「私もフルタイムで働いていて、並行して勉強もしてて、家のこともほとんどやっているのよ。しかも新居も探して。それなのに、あなたはいつもこっそり抜け出して仕事にいく。それってフェアだと思う?」

彼女は正しい。上司から電話で「ヨーアル、明日、仕事に出られるか?」と尋ねられると、たいてい「はい、出られます」と答えている。以前はもちろんグレタに確認していたが、最近は確認もせず仕事を引き受けたことが何度もある。グレタに金曜日は空けているとあらかじめ伝えておくこともあるが、もし仕事の依頼があれば引き受けたい。これまでは問題が起きても2人ですぐに解決してきた。共通の理解があり、わだかまりはなかった。ケンカをしても、翌朝には前日の敵対意識は忘れ去られ、ハグできた。しかし2人は新たな局面を迎えている。まだ家計を共にし、同じ屋根の下で暮らしているが、遅かれ早かれそれは変わるのだ。

離婚後の生活を話し合い始めて、グレタにはこの家に住み続ける経済的余裕がないことがわかった。結婚生活の間ずっと仕事量を抑え、家庭でより多くの責任を負ってきた。結婚した人の多くがそうであるように、彼女は夫と一緒に年を取るのだと信じてきた。

ヨーアルが同僚と恋に落ち、自分を捨てるとは思っていなかったのだ。それでも彼女は家の近くにいいアパートメントを見つけた。ヨーアルは当面、この家に住み続けることになるだろう。決まった拠点がある方が子供たちにとってはある意味、安心かもしれない。子供たちは皆、ヨーアルとグレタの家が近いことを喜んでいる。それぞれの家に忘れ物をしても、すぐに取りに行ける。これは同時に、ヨーアルが家にデート相手を呼べないことを意味する。隣の家には子供たちの友達が住んでいるし、子供たちはいつでも遊びに来ることができる。

週末、地方に住む友人が訪ねてきた。彼は3年前に離婚し、すぐに新しい女性と出会った。その女性が初めて彼の家に来た時、突然玄関のドアが開き、彼の娘が現れた。娘が荷物をまとめるまで、デート相手の女性はクローゼットに隠れていなければならなかった。もし娘が泊まっていくことを選んでいたら、と思うとヨーアルは思わず吹き出しそうになる。

あと数週間はグレタとの共同生活が続く。それから彼は自由の身になる。彼は独身生活を本格的に謳歌したがっている。子供たちがいない週は、好きなように動けるだろう。まだ元妻と一緒に暮らしているにもかかわらず、新しい人と出会いたいという衝動にも駆られる。しかも〈ティンダー〉ではなく――仕事関係でも使われる〈リンクトイン〉のサイトで。

その旅がまったく痛みを伴わないはずがないとも知らずに。

心理学者アンジェラその7

「一度浮気したらまた浮気する」は本当か

元夫と新しいパートナーの関係は続いているようなので、私からまず挨拶するのはどうだろうか？　離婚から約5カ月後のことだった。再出発の時だったのかもしれない。ドアをノックすると、彼女がドアを開け、驚きの声を上げた。握手をして自己紹介をすると、私と子供たちを招き入れた。少し話をしたが、5分もしなかっただろう。その場を離れると何となく気分が良く、心が軽くなった。元夫は彼女に誠実だろうか、とふと疑問に思った。もしかしたら同じパターンを繰り返すかもしれない。しかし彼が浮気者として有名人になったとしても、幸いなことに、私がその心配をする必要はもうなかった。

「一度浮気したらまた浮気する」というのは一般的真実なのだろうか？　パートナーシップやライフステージに関係なく浮気する人もいるのだろうか？　パートナーが影響を及ぼすことができないタイプもいるのだろうか？

研究によると答えはイエスでもありノーでもある。浮気には3つの構成要素が関係する——浮気当事者の性格、パートナーシップ、浮気が行われる状況である。

研究者によって浮気のタイプに関する定義は多少異なるが、ここではさらに11のタイプにまとめたい。ほとんどの浮気は以下のいずれかに当てはまる。

様々な種類の浮気

○抜け道　これは、自分ではもう続けることを望まないにもかかわらず、自ら終止符を打てずにいるパートナーシップから抜け出すきっかけを与える浮気である。現在のパートナーと別れる前に、新しい相手を必要とする人もいる。1人でいることに耐えられないか、パートナーシップを持つことでしか自分を定義できないからかもしれない。その内面の不安から自分自身を負け犬と見なさないため、他者を必要とする。人はカップルでいるべきという規範が鍵を握っている。かつて、地位への欲求がいかに人生を支配しているかについて自著で述べたことがある。独り者は〝負け犬〟で、パートナーシップはより高いステータスをもたらすと考える人はいる。カップルの一員であることがアイデンティティで、自分は選ばれたという感覚を抱いている人は、交際が終わる前に感情的な距離を置き始めることが多い。別れの後に回復する時間をとらず、すぐ次の恋愛に移って古い荷物をすべて新しい恋愛に持ち込む。気持ちの整理、精神的な休息や回復、感情の冬眠を避けるのだ。辛すぎるからだ。新しい関係に足を踏み入れることは容易で、多くの場合、次のパートナーシップでも同じ過ちを繰り返す。残念なことに、健全な学びと成長を犠牲にするこのタイプはシリアルキラーに似て次々に恋愛に手を出す。隣の芝生は青いのだ。自分が幸せでないのは今のパートナーのせい、他の誰かと一緒にいる方が幸せだと考える。パートナーというものは、幸福感が増さなかったり、恋が冷めてしまったら、取り替えなければならないのだろうか？

○自分のニーズは、どうなの？　自分のニーズ、つまりコミュニケーションやセックス、感情的な親密さが満たされていないと感じるケースだ。米国の著名な社会学者ペッパー・シュワルツとジェームズ・ウィッテラが10万人を対象にした研究によると、欲求が満たされていないと感じることは浮気の温床となる。例えば、性生活に満足していない人の52％が「浮気の誘惑に駆られる」と答えたのに対し、満足している人はわずか17％だった。心理療法士で作家のダルマ・ハインは、パートナーシップにおいて多くの女性に影響を与える性欲の喪失を「エロティック・サイレンス」という言葉で表現している。育児や家事に対する責任が重くなればなるほど自分の欲求に着目したり、活力を感じたり、自発的に性欲を表現することが難しくなる。セックスを楽しむためにはある程度の自己陶酔が必要だ。性欲をかき立てるには、暴力ではない種類の攻撃性、よりはっきりとした精力が必要になる。あえて自らを解き放ち、自己を優先させる力だ。パートナーを性的な対象として見ることも必要だ。相手をモノとして見たり扱ったりするのではなく、独立した性的な存在として見られるかどうかということだ。2人の間にある程度の距離があることが性欲の構成要素となる。

浮気では人の世話をする必要はない。自己実現し、自分に専念できる。エステル・ペレルは交際や結婚生活で女性は「自分を見失った」と言う傾向が強く、男性は「愛した彼女を失った」と嘆く傾向が強いと書いている。女性も男性も親密さや鮮烈さ、より刺激的なセックスを求めている。生きている実感が欲しいのだが、皮肉なことに、男性は妻に似た、ただし家庭以外の場所での覚醒を求めている女性を見つけたがる。性欲と家事は切り離す方が楽だ。母親と妻の役割は家庭で安全に果たしつつ、性を離れた場所に置けば別人になれる。見知らぬ世界から来た誰かになれる。

愛と性を分ける人は両者を調和させることができない。自分自身の攻撃性を恐れ、抑えつけようとし、性欲を愛から切り離しているため、感情的な親密さが生まれれば生まれるほど性欲が生まれる可能性が低くなる。パートナーとのセックスが難しくなる。感情的なつながりを持たずに済む相手としかセックスができなくなるのだ。この現象は「愛と欲望の分裂」と呼ばれ、おそらく最も嫌な浮気のシナリオの1つだろう。愛と性が分離した人の浮気には楽ではない落とし穴がある。例えば職場で不倫し、恋に落ち、自分を愛し求めてくれる人が見つかったと思ったとする。ついに！　両方の感情を抱ける相手がいたのだ。万歳。自分がこれまで間違った相手としか付き合ってこなかったと確信し、結婚生活を捨てて、その人と交際を始める。時が過ぎ、しばらくすると、また以前とまったく同じ状況に自分がいることに気づく。人間には単純化したいという基本的な欲求がある。漠然とした、形のない日々の苦悩を「セックスレスだから不幸なのだ」といった扱いやすいものにしてしまいたいのだ。あるいは「自分が不幸なのはパートナーのせいだ」などと。相手を替えても幸せはつかの間で、自分の問題点を本質的に整理しない限り物事はうまくいかないはずだ。

○共通の未来が見えない　共通の未来がある場合、その未来を失うリスクに人は消極的だ。未来が見えないパートナーシップの場合、浮気で失うものはそれほど多くはない。

○他の誰かに惹かれた　これは誰にでも突然その機会が訪れるかもしれない。旅行先で浮気に走ったり、職場で仕事を共にしている同僚と恋の火花が散ったり。しかし忘れてはならないのは、誘惑を感じるのと行動するのは別だということだ。パートナーと危機的状況にあれば、こうした外部からの誘惑に従って行動するリスクは高まる。酔っぱらっていたり、相手への執着があったりすれば、やはり浮気に踏み出すリスクに影響する。

○承認欲求　子供の頃、妹のマリアナと私はテントを作って遊ぶのが好きだった。家の中や森でテントを作って遊んだ。私の子供たちやその友達もそうだった。テントは自分たちだけの小さな居場所。浮気も人によっては同じ働きをする。自分だけの何かを与えてくれるのだ。自分だけの空間や刺激的な秘密を。そういうパターンもある。

○バランスをとる　パートナーに腹を立て、何か仕返しをしたい時もある。浮気をされた場合、〝目には目を〟という原理が働くかもしれない。これは浮気の最も一般的な原因の1つだ。だが、必ずしも浮気に対する復讐とも限らない。パートナーが働きすぎで、育児や家事など家庭内での役割分担で望む以上の責任を負わされていることが理由にもなる。精神的に寄り添ってくれていない、過度に支配的である、行きたかった場所での休暇に同意してくれなかった、といったことへの仕返しかもしれない。相手の仕事の都合で遠くに引越し、友人や地元から離れなければならなくなったからという例もある。ケンカの後、真正面から攻撃するのではなく、受動的攻撃行動（パッシブ・アグレッシブな態度）として隠れて浮気をする人もいる。

〝仕返し〟で浮気するデメリット

だが、例えば浮気をされてもそのパートナーと一緒に居続けたい場合、仕返しは効果的だろうか？　あまり効果的ではない、というのが私の結論だ。理由は8つある。

1　天秤のバランスは戻らない。相手の浮気が信頼を壊したのであり、自分が浮気をしても、すでに壊れてしまった関係性を回復することにはつながらない。

2　2つの間違いから正解が生まれることはない。

3　自分も浮気をすることで同じように〝ひどい〟人間となれば、相手が抱える苦悩は和らぐかもしれない。相手はその行動を言い訳に悪行を続けるかもしれない。

4　相手の浮気の原因が何か、その真相の究明から遠ざかる。

5　すでに脆弱化している関係に一段と負荷がかかるのはつらいことかもしれない。

6　2人の距離がもっと広がる危険性がある。さらなる裏切りが良い結果を生むことはまずない。

7　相手に自分がどれだけ傷ついたかを実感させることはできるかもしれないが、確実ではない。

8　他の誰かとセックスしたいという気持ちの背後に怒りや復讐心があるとすれば、問題をより難しくするだけだ。代わりにやるべきことは、心の傷を癒すために自分と向き合うことだ。

とはいえ、どうするかは2人で話し合うことだ。あるいは、どうしたいかは1人で決めることもできる。私はこの「バランスをとる」というシナリオに関して実に様々な話を聞き、中にはうまくいった人がいることも知っている。特に、以前の恋愛で浮気された経験がある場合だ。つまり、裏切られた側が他の人とセックスをすることで落とし穴や被害者意識から抜け出し、前に進むことができた例だ。一方でまったくうまくいかない人もいる。

○**権力の不均衡**　かつて権力や地位がパートナーシップにどんな影響を与えるか書いたことがある。「権力は男女の不倫を増加させる」と題された研究で、研究者たちが1561人の選択や行動を調べた結果、より大きな権力を得ると浮気しやすくなるということがわかった。権力は自信を高め、自信は人を惹きつけやすくする。ビールを数杯飲んだ後、一時的にでも自信を強めた人が普段より大胆で思わせぶりな振る舞いをする状況を想像してみてほしい。その結果、興味がある人にあえて近づき、浮気のリスクが高まる。収入もまた権力と結びついており、経済的不均衡が大きいほど浮気のリスクも大きくなる。

○**戦略**　英語圏ではこの種の浮気を「昇進に有利な浮気」と呼ぶ。友人の中には「セックスと引き換えにトップの地位を得る行為」と言う人もいる。上司や同僚と浮気することでキャリアを望む方向に持っていくチャンスを増やす。

○**スリル**　リスキーなこと、禁じられたこと、危険と隣り合わせの人生が好きな人もいる。発見されそうになったり、暴露されそうになったりといった刺激が規範から逸脱させる。このような人たちは幸せなパートナーシップがあっても浮気をしている。

○バリエーション　繰り返しになるが、どんなに幸せなパートナーシップであっても浮気をする人はいる。この場合、求めているのは刺激よりも多様性だ。

○愛着理論の「不安定な回避型」　情緒的な絆を結ぶレベルは人それぞれだ。愛着理論では、人によって他者と深く、持続的に感情的な結び付きを形成することが、いかに容易であったり困難であったりするかを主に3つのグループに分ける。

他人と親しくなるのが簡単だと感じる人は、いわゆる「安定的なグループ」に属している。人に見捨てられることをあまり心配せず、他人が近づいてきても不快に感じない。次のグループは「不安定なアンビバレント型」と呼ばれる。このグループの人は他者と親しくなることを楽しめるが、問題は他者が与えてくれる以上の親密さを求めることだ。親密さを強く求めるあまり、相手を怖がらせてしまうこともある。このグループは交際初期にパートナーへの強い欲求を感じ、捨てられることを心配し、言葉尻や絵文字でさえ過剰解釈することがある。1人でいると、何かが欠けているように感じてしまう。

第3のグループは「不安定な回避型」と呼ばれる。社交的で好感を持たれ、秩序を重んじる。しばしば野心的で、仕事もよくこなすが、他者と心の距離が近くなることをあまり快く思わない。パートナーシップにおいては自分が求める以上に相手が求めていると感じると、一定の距離を保つ。彼らにとって情緒的な絆はしばしば自立心の喪失感をもたらす。そのため、このグループの人はパートナーにそっけなく接する。距離を広げるための戦術の1つはケンカであり、もう1つが浮気だ。英語圏ではこのタイプの浮気は「親密さ回避型の浮気」と呼ばれている。

こうやって見てみると人間のあり方は、本当は一夫一妻制ではないのかもしれないと思わずにはいられない。

一夫一妻制か乱婚制か

生殖と繁殖はそれぞれの種にとって極めて重要である。効率的に繁殖するために、種によって異なる進化を遂げてきた。動物界で最も一般的な繁殖戦略の1つが乱繁殖である。95〜97%の種が行っていて、残りの3〜5%が社会的一夫一妻制を実践している。XとYが出会い、一緒になり子供を作り、共に子育てをする。互いに忠実であるのは表面上だけだ。機会があればその裏で他と交尾をするのが普通だ。研究者の中ではこの種の浮気は「日和見主義の浮気」と呼ばれ、生物学上の父親ではない、社会的父親のもとで育つ子供やその数に関係があると言われている。

研究対象の小動物の1つがプレーリーハタネズミだ。社会的一夫一妻制をとる小柄な動物である。この小さなハタネズミは生まれ、成長し、思春期を過ぎた頃にパートナーを見つける。ハタネズミは一生の間に何匹もの子供を産み、育てる。一緒に巣を作り、縄張りを守り、餌を与え、子供の世話をする。互いにそばにいて、離れると分離不安を見せる。交尾をするとメスはオキシトシン、オスはアルギニンバソプレッシン（オキシトシンとバソプレッシンに似た神経化学物質）の放出が誘発され、両方とも報酬中枢を刺激しドーパミンが放出される。これで両者は複数の異なる相手ではなく、特定の1匹の相手を好むようになる。このつがいの形成には脳のオピオイド系とドーパミンやその他の神経系も関与している。つがいで行動するハタネズミは一生を共に過ごし、表向きは忠実で社会的一夫一妻制だが、機会があれば浮気をする。

動物をテーマに話を続けよう。乱繁殖のシロアシネズミやアカゲザルはつがいを持たない。特定のパートナーとの結びつきがないのだ。彼らは一夫一妻制のハタネズミにあるある種の受容体が脳内の同じ場所に見当たらない。

このことを確認した研究者たちは、ハタネズミのつがい形成に関連する遺伝子を導入することで、乱婚種を一夫一妻制にできるか調べようとした。この遺伝子を乱婚種のマウスに導入すると、それまでは様々なマウスに求愛していたにもかかわらず、突然特定のマウスに執着するようになった。研究者たちは他の種でもまったく同じ実験、つまり乱婚種の動物を一夫一妻制にする実験を行った。結果は同じであった。最も興味深い発見の1つは、つがいの結びつきの強さに寄与する特定の遺伝子が存在することで、この遺伝子はどれだけ一夫一妻制を続けられるかに影響する。

　ヒトは一夫一妻制なのか、それとも乱婚種なのかという問いの答えを探し続けていると「不倫――いつ、どこで、なぜ」という興味深い研究論文に出くわした。これは、人が何に惹かれるかに影響を与える、さらなる要因について説明している。典型的な〝汗ばんだTシャツ〟の実験では、研究者たちは様々な男性が着用したTシャツの匂いを女性に嗅がせた。その後、女性たちに最も惹かれると思うTシャツを選んでもらった。興味深いことに、それぞれの女性がお気に入りとして選んだTシャツは、免疫系の特定の部分にその女性とは異なる遺伝子を持つ男性が着ていたものだった。汗をかいたTシャツに含まれる女性に影響を与えた物質はフェロモンと呼ばれ、体内で生成される化学物質である。フェロモンは皮膚から汗として分泌され、周囲の空気中にしばらく漂う。

ニューヨーク、ロンドン、ロサンゼルスで〝フェロモン・パーティー〟が企画されたことがあった。参加者は4日間、毎日新品のTシャツを着て眠り、着用者のフェロモンを吸収したTシャツはジップロックバッグに入れられる。このイベントは参加者が「嗅ぎ分ける」ことで完璧な遺伝子によるマッチングを行うのだ。ただこの戦略がどの程度、成功したかについての数字はない。分かっているのは、自分と似た遺伝子を持つ男性と結婚した女性は、浮気する確率も高いという研究結果があるということだ。つまり自分と似た遺伝子を持つ男性をパートナーとする女性は、自分とは異なる遺伝子を持つ男性と浮気をするのだ。「パートナーと共通の遺伝子が多ければ多いほど浮気する可能性が高まる」というのは、シンプルに言ってしまうと、浮気は問題解決——パートナーと同質の遺伝子が多すぎるという問題の解決——のための無意識の戦略となっていると言える。免疫システムにおいて、似たような遺伝子が多すぎるということは、妊娠や生殖能力に関わる合併症のリスクの増加を意味するからだ。

脳の構造と浮気

脳の構造も浮気に関係している。研究者のヘレン・フィッシャーは主に脳内の3つの機能について述べている。第1は性欲で、脳は様々な人との性行為へと駆り立てるように進化した。第2は恋愛で、特定の相手にエネルギーを向けるように進化している。第3はパートナーへの愛着であり、少なくとも2人の間に生まれた子供が乳幼児期を乗り切るのに充分な期間、共に過ごす動機を与えてくれるように進化している。これら3つを駆動する基本的な神経系は、脳内の他の神経構造と様々に連係して機能する。

これら3つの脳の領域は、それぞれ異なる動機や感情をもたらし、繁殖と人類の発展のため、私たちの行動を様々な方向へと導く。繁殖と生存は種にとって最も重要な目標であり、人類が今日存在する理由でもある。最も興味深いのはこれら3つの脳の領域が矛盾しあう働きを持っていることだろう。多種多様な相手に向けられるはずの性欲は1人のパートナーに向ける愛着や愛情と対立している。したがって一時的な満足を得るには性欲は他の2つを危険にさらすことになる。この多面的で柔軟な脳の仕組みによって人間はパートナーに対して深い愛着を感じながらも、同時に第三者（浮気相手）に対して激しい恋愛感情を抱き、性的な欲望を抱くことが可能になる。

もちろん、生物学的に説明がつくとしても、特定の行動が〝正しい〟ことを意味するわけではない。8000を超える種のうち、実に90%がつがい形成を行う鳥類を見てみよう。つがい形成は子供の世話を楽にする。しかし哺乳類では一般的につがい形成は珍しい。哺乳類のわずか3%で、この中にプレーリーハタネズミも含まれる。

一夫一妻制の種であっても浮気は起こりうるのは先に述べた。研究者たちはいわゆる一夫一妻制の鳥類や哺乳類を100種以上研究し、浮気が非常に広範かつ頻繁に起こっているため社会的一夫一妻制と呼ぶようになっている。誰かと同棲している人がパートナー以外の人と場当たり的なセックスをすることもあるだろう。ヘレン・フィッシャーは社会的一夫一妻制(同棲パートナー、夫、妻、ガールフレンド、ボーイフレンドなどの組み合わせ)でありながら、同時に日の目を見ない秘密の関係を1つ以上持つ生殖戦略を「二重生殖戦略」と呼ぶ。社会的一夫一妻制と性的な非一夫一妻制を組み合わせたものだ。社会的一夫一妻制と呼ばれるのは、生涯にパートナーが何人もいたとしても、正式なパートナーは常に複数ではなく、1人であることに変わりはないからである。こうしたあり方から、一部の研究者は浮気が人類の種の存続に貢献したのだろうと結論付けている。社会的忠誠と性的な不貞の組み合わせは種にとっては生産的なのだと。これは、人間のすべての行動が種に利益をもたらすために進化したという意味ではない。また、人間の行動のすべてが進化の結果であるという意味でもない。偶発的な行動もあれば少数派もいるからだ。

人間は社会的一夫一妻制と性的非一夫一妻制を組み合わせて暮らしている。通常は1人のパートナーと暮らすが、浮気をする人もいる。浮気を決してしない人もいれば、ほとんどのパートナーとのパートナーシップで浮気をする人もいる。父親が〝正式な〟父親でない子供の数は0〜11％で、中央値は1・7〜3・3％と推定されている。鳥類では20％を超える。これは生物学的見地から見て、人間が鳥類よりも一夫一妻制の種であると言えるのだろうか。それとも、人間の一夫一妻制の度合いが高いのは生物学的現象ではなく、浮気はいけないことだという規範の表れなのだろうか。

他の指標も見てみよう。1つは体に対する睾丸の大きさである。この比率は精子の生産速度を決定し、パートナーの数に関係してくる。人間の女性がある男性と性交したとする。例えば同じ日に次に性交する男性は前の男性に精子の生殖機能において勝る、あるいは取って代わる必要がある。人間の睾丸の大きさは完全な一夫一妻制の種のオスよりも比率としてはわずかに高い。だが、最も乱婚な種ほど高くはない。

次の生物学的指標は人間の〝隠された〟排卵である。女性に排卵があるかないかで男性の反応が微妙に異なるという研究結果がある。動物の一部の種では、排卵期に性器の色や大きさが変化するが、人間は比較的隠されていて、これは一夫一妻制にとって有利だと考えられている。排卵が目に見えにくければ、男性は次の排卵期までの1カ月、いつでも妊娠するだろうと気を抜かずに求愛とセックスをし続けなければならない。

人類が本質的に一夫一妻制の種なのか、それとも非一夫一妻制の種なのかについて、研究者たちの意見が歴史的に一致してこなかった理由はいくつかある。人間には実に様々な行動パターンがあり、文化や時代によって様々な種類のパートナーシップの形があった。短期的な交際もあれば、長期的なパートナーシップもあり、ポリアモリーな関係や死が2人を分かつまで同じパートナーと暮らす生涯一夫一妻制のほか、連続単婚やポリアモリーであるのに社会的一夫一妻制でいることもある。つまり不倫である。このようなパートナーシップの形のいくつかは、宗教、規範、文化、そして私たち人間が実際はどうあるべきかについて抱いてきた様々な考え方に突き動かされている。

要約すると、人間は完全な一夫一妻制でもなければ、著しく乱婚でもない。完全に誠実であり続けようとする者もいるだろう。また、誰と暮らしても浮気する人もいるということだ。

ヴェラその8

昼休みの新しい過ごし方

ヴェラの初めての婚外セックスはいい思い出となり、新しい人生の最高のスタートとなった。一張羅の下着を身に着けてのホテルデートの後、帰宅すると家族全員で夕食をとった。子供たちの宿題を手伝い、夫とはしばらくテレビを見てからベッドに入った。あまり不快感も後悔もなく〝成し遂げた〟のだ。取り乱さなかったし不安に苛まれることもなかった。少なくともその時点では。ヴェラは女性として強くなったと感じ、自分がタブー視していた様々なものの中から新たな自信を得た。ペーテルとの最初のセックスデートの後も引き続きデートした。ヨハンと出会い、セックスをし、今度は3人目の男性、ダニエルと会うことになっている。2人が会うのは2度目だが、セックスをするのは初めてだ。

ヴェラは自分の車でホテルの駐車場に入り、スマートキーで鍵をかけてエントランスに入る。ダニエルはロビーにすでに到着していて、2人は手短に挨拶し、ハグをする。ヴェラはチェックインしてルームキーを受け取ると伝える。フロントに向かった瞬間、胃が締め付けられる思いをした。

前回と同じ女性の受付係だ。ここのスタッフはローテーションがないのだろうか？とヴェラは苛立ちを覚えながらも、フロントのスタッフがフルタイムで勤務していたら1週間のうち何日かは同じ客を迎えることになるのだと理解した。フロントの女性はヴェラに見覚えがあるに違いない。ランチタイムに、違う男性と、ホテルで、宿泊することなく。ああ、なんて気まずいんだろう。ここはグッとこらえるしかない。突然の感情の起伏から我に返り、背筋を伸ばし、スタッフの注意を引くためにここにいるわけじゃないと自分に言い聞かせる。生きたいように自分の人生を送るためにここにいるのだ。ヴェラは決意に満ちた足取りでフロントに向かう。フロントの赤毛の女性と目が合った瞬間、カウンターの向こうで女性は視線を下げた。ヴェラはこの瞬間が来ることを知っていた。彼女は自分を認識し、会ったことがあると思い出しているだろう――今日一緒にいる男性の前にも、2人の男性がいたことを。受付の女性は名前を入力し、予約を確認すると、まったく顔を上げずに黒く光沢のあるカウンターにルームキーを置いた。数メートル後ろに立っていたダニエルはばつが悪いのだろう、何も言わず手続きが完了するのを待っていた。ヴェラは素早く白いカードキーを手に取り、振り返ってダニエルと視線を交わす。誰も何も言わない。ヴェラのヒールが黒い石のフローリングに音を立て、腹をくくりダニエルを従えてエレベーターに乗り込む。予約した部屋はなんの特徴もない。時間制ではないがさして違いもない。ここで夜を明かすことはないし、絶対にそんなつもりもない。ほんの数時間過ごすだけだ。

金曜日。時間は午前11時40分、これが昼休みだ。

男性選びは続く

ヴェラは新しい男性たちとのデートを続ける。そのうちの1人とは友人になった。名前はヨンで、しばらく連絡を取り合っている。2人は冗談めかして互いのことを大親友と呼び合い、頻繁に連絡を取り合っている。ヨンは「おはよう」「おやすみ」「今からランドリールームへ行く」とメッセージをしてくる。13回目の結婚記念日にした妻とのお祝いについて優しい口調で語る。妻を愛しているのは明らかだ。大切な人とのパートナーシップであれば当然のことだが、彼は努力している。ヨンは本当に素敵な男性だとヴェラは思う。献身的な夫であり父親である。知り合った当初、互いにセックスをするつもりだったが、彼の子供が水疱瘡にかかり、キャンセルせざるを得なかった。そういう運命だったのかもしれない。彼にとっては隠れた友人を持つ緊張感だけで充分なようだ。あの日、しなかったことをヨンは後悔しているだろうか？

ヴェラは、他の男性たちとも折り合いをつけている。

最初の相手だったペーテルとはその後も何度か会った。一度だけ、郊外の自然公園で会い、ピクニックをした。彼がテイクアウトの食べ物を買い、ヴェラは飲み物と毛布を用意した。ふと気づくと彼の膝の上に座ってズボンの中に手を入れていて、彼の手はヴェラの新品のワンピースの内側に滑り込んでいた。このエリアはとても人気で、ストックホルム中心部の高級住宅街にあるヴェラの自宅から数キロしか離れていないことを考慮するとリスキーな選択だった。ジョギングをする人、家族連れ、アウトドアを楽しむ人が行き交っている。だが、うまくいった。別の機会には彼の車でセックスをした。動きづらかったが、うまくいった。彼の仕事場がストックホルム郊外に移ってしまうと会うのは簡単ではなくなった。彼は妻をスワッピングクラブに誘った。

彼は嫉妬深いタイプではなかったが、結婚生活およそ20年間で初めて妻がこっそりスマホを持っているのに気づいた。ペーテルはヴェラに尋ねた。

「女性としての意見を聞きたいんだけど……女性が不倫している際のサインって何だと思う？」

「なぜそんなことを聞くの？　気になるの？　他の人とセックスするよう勧めたのはあなたなのに」とヴェラは答えた。

「そう、表向きにはね、自分が参加している場合はさ」と彼は言い訳した。

だが、妻がスマホを持ってこっそり部屋を出ていき、誰と電話していたのか教えてくれないことが彼を悩ませていた。一度、彼がスマホの電源を切るのを忘れ、妻に見つかってしまったことがある。それも置きっぱなしのスマホに着信があり、開いたままの不倫アプリで妻はヴェラとのやり取りを読んだのだ。幸いなことに、その内容は忙しい日常の中で互いを励まし合うもので、性的なトーンは冗談レベルだったため2人の関係を告白する必要はなかったが、3週間ソファで寝る羽目になった。

「もしうちの奥さんが知ったらすごく傷つくと思う。人生の伴侶なんだ。ヴェラ、もし並行世界で君に出会っていたら素晴らしかったと思う。でも今は奥さんと一緒に暮らしているし、傷つけたくないんだ」と言った。

電気技師のアントンは不安症の男性で、押したり引いたり何度も会おうとしながらも繰り返しキャンセルしてきた。少なくともヴェラにはそう思えた。何度も「するの？しないの？」「会うの？　会わないの？」と思わされ、ヴェラを苛立たせた。最終的に彼の自宅で会うことになった。ホテル代を割り勘しようと申し出たのだが、彼がホテルの予約を断ったので、ケチなのだろうと思った。妻が仕事に行っている間にセックスをすることになった。彼は始める前からあまり長引かないようにと警告してきた。汗だくになり、いつ妻が現れるかもしれないということをひどく気にしていた。短くて激しいセックスだった。状況が全体を台無しにしていた。終わるとすぐに、彼はベッドから飛び起きる口実だろう、「何か持ってこようか？」と言った。同時に「さあ、そろそろ時間だ」とほのめかした。次のデートはありえなかった。彼の電話は仕事場からが多く、ビデオ通話もあっていらいらさせられた。しかもヴェラに不倫アプリ以外では絶対に連絡しないようにと説教したのは彼だった。常に妻に不倫がバレるのではと心配し、疑心暗鬼に陥っていた。そのくせヴェラが「夫は家にいて、ちょうど寝たところ」と言ってあったにもかかわらず、自分は予告なしに電話をかけてくる。そんな時の彼はシラフだったり、週末の酔っぱらった状態だったり、夜中の3時半に「ヴェラ、君が恋しいよー」と叫んだりする。最も複雑な男性の1人だった。

一度、電話していると、彼は「落ち着いた日常生活の中で結婚生活に集中したいんだ」と言ったかと思うと、次の瞬間こう言った。

「ヴェラ、俺を許してくれるか？　君が恋しいんだ」

ずっと行ったり来たりだった。ヴェラを求めたり、拒絶したり。疲れたし、アンビバレントな状態が続いた。

夫婦ゲンカも多かったようだ。2人で旅行を楽しみ、共通の友人も多いらしいが、彼によるとそれ以外の共通点はあまりないという。交友関係に混乱を巻き起こすから離婚は考えていないそうだが、アントンは根本的に自分の人生にも結婚生活にも満足していなかったのだろう。少なくともヴェラにはそう見えた。もちろん確かかどうかはわからない。彼が話したことしか知らないし、彼自身も状況を偏った見方で語ったかもしれないし、自分をより魅力的に見せるように話したのかもしれない。浮気夫の妻だって夫とのセックスに飽きてしまっていたのではないか。家庭での性行為が性欲から義務に、したいと感じるものからしなければならないものに変わったのかもしれない。夫とのセックスがあまりにも退屈だとか、物足りなかったのかもしれない。浮気夫の妻たちも新しく刺激的なものに興奮するだろう。彼女たちの配偶者は自己中心的で、不公平で、退屈かもしれず、絶え間ない欲求不満はどんな欲求も押し殺してしまう。ヴェラは特段、妻というものが信義に篤かったり誠実であるとは思ってもいないし、そうある必要もないだろう。

いずれにせよ、アントンはヴェラの不倫ファイルの中で最も魅力的な人物の1人ではないため、ヴェラが自信をつけると真っ先にお払い箱になった。最初のデートの後は会わなかった。

コンドーム事件

アントンの次に出会ったのがステファンだった。彼は一番特別な存在になっている。フォルククングス通りにある彼女のお気に入りの店での昼食から始まり、昼食が終わると彼は駐車場までヴェラを見送ってくれた。彼女をハグすると、おもむろにキスをした。ヴェラは乗り気だった。ステファンとの関係は、危険な交際の1つだった。

「本当にしたいんだ。君がよければ」と彼は言った。

「多分、調整できると思う」とヴェラは少しぎこちなく答えた。

ヴェラは自分の言葉に笑ってしまった。どう聞こえただろう。まるで仕事の段取りをつけるようではないか。しかし、実際そうだ。彼女が時折、繰り返す取引。奉仕の取引。ニーズ。セックスを提供し合い、セックスの経験を共有する。呼び方はなんであれ。

ヴェラとステファンは再会する。今度はキス以上になる。ホテルの部屋を予約し、ステファンは会社のカードで支払う。会うたびに彼はそうする。ヴェラは彼とのデートでは一度も支払ったことはない。一部の神経質な男性は名前も教えず、痕跡も残さない。互いの身元がわからぬようにするため費用を折半にもしないし、送金させたりもしない。ヴェラは通常、デートが数回になった際は交互に支払うようにしている。だがステファンの場合、彼が神経質なタイプだから支払っているとは思っていない。

しばらく抱き合った後、2人はホテルのベッドに服を脱ぎつつ横たわり、次の段階へ進もうとする。しかし、ステファンはコンドームを持っていない。

「持っていないの?」と、まるでヴェラの責任であるかのように彼は驚いて尋ねる。

「コンドームはあなたの責任よ。必要なサイズもモデルもわからないし」とヴェラは確固たる自信をもって答えた。コンドームは男の責任だ。こんなことを言い出すなんて、なんてバカバカしいんだろう。ヴェラは腹が立ち、困惑する。

「なしでやろう。僕はなんの病気も持っていないし、君もないだろう」そう言ってステファンはしようとする。

だがヴェラは自分の意見を貫く。彼は怒り出す。思い通りにならないと怒り出す頑固な少年のように。何も始まらない。ホテルから2ブロック先のスーパーまで行ってコンドームを買えばいい。ひどく不機嫌になったステファンは出ていき、それを見たヴェラは戻ってこないかもしれないと思った。

男性たちは自分を独占しているとでも思っているのだろうか。ヴェラはそこに違和感を覚える。なぜそう思えるのだろう？　彼女は彼らと付き合っていると肯定も否定もしていないのに、彼らはコンドームがあろうがなかろうが関係ないと思っている。もちろん妻と自分自身を危険に晒す覚悟があると言うならそれは彼らの問題だが。

10分後、ステファンがコンドームの箱を持って現れ、2人は仕切り直す。本当に唐突なタイプだとヴェラは思う。ヴェラを強く抱き締め、腕をつかんでキスをし始める。彼女はまだ準備ができていない。もう少し待って。バスルームへ行って、おしっこをしたいし、服も全部脱いでしまいたい。それに今回が2人にとって初めてではないか。

ヴェラは綺麗な下着姿でバスルームから出てくる。これで準備万端。自分がセクシーだと感じる。ステファンは長い時間をかけるセックスが大好きだった。イキそうになるまで続けて、それから止めて、またイキそうになるまで続ける。ほとんど限界まで行って、止めるのを何度も何度も繰り返す。そうするとオーガズムを脊椎まで感じるんだと彼は言う。それとも脊髄？

愛人か恋人か

彼は何事にもスケジュールを立てる人だった。子供たちのホッケーチームのコーチ、住宅組合の役員、家では洗濯物を取り仕切って料理もする。睡眠時間が短く、幸せなことはほとんどなく、背中に痛みを抱え、仕事にも満足していない。ステファンは自分に合わないマンネリ化した生活から抜け出せずにいる。2人は会い続け、やがて2年目に突入する。ヴェラは好意を抱きそうになったが、彼の話を聞いていることもあり、感情を解放することはない。ステファンは妻を愛している。妻は親友であり、別れるつもりはない。彼には結婚生活と父親としての役割があり、自分の問題は自分で解決すればいい。それが彼にとって充実した人生なのだ。両親の離婚を経験したトラウマから離婚反対派で、自分の子供には同じ思いをさせたくないと明言している。

どういうわけか、誰かと一緒に暮らして初めて、幼少期が与えた影響が顕著であることに気づく。両親との関係性が特徴づけるのだ。拡大家族や離婚した両親のもとで育つ人が増えているにもかかわらず、核家族のイメージは根強い。大人にとっても子供にとっても、そのまま続けない方がいい、良くない関係にとどまってしまいがちだ。

ヴェラはステファンの2人目の愛人だった。最初の相手は彼に好意を抱いたため、関係を終わらせた。彼もまた彼女に好意を抱いていたが、そのことはあまりオープンに話したがらない。おそらく最初の愛人は、感情的にはまだ心の中にいるのだろう。その人にはもう新しい相手がいるようだが、まだ何らかの関係があり、友人としては続いている。しかし、ヴェラは友人でいるというわけにはいかないだろう。ヴェラはすでに他のどの男性よりもステファンに好意を抱いているし、もっと会いたいと思っている。でも彼には他に優先することがある。ついにこう言わざるを得なくなった。

「ステファン、仕事と家庭がある今のあなたの生活を見ていると、私たちのために時間を作ってくれているとは到底思えない」

それでも彼は次の会社に移るまでの間、有給休暇があるはずだとヴェラは1人静かに考える。

ヴェラは、ステファンにとって自分がどういう存在なのか、言葉よりも彼の優先順位から理解しようとする。ステファンにとって彼女が必要な存在でないというのは受け入れるのが苦しい。また、ヴェラの存在が彼の感じたくない感情を呼び起こしてしまうことも。口には出さないが、ステファンはヴェラの父のステンを彷彿とさせる。大人になってから、ヴェラは父親が二度、母親のマイのもとを去ろうとしていたことを知った。一度目は45歳の時。父は苦しくなり夫婦関係を断とうとした。二度目は60代。実現はしなかったし、諦めたのかもしれない。年を取りすぎたと思ったのかもしれない。「まあ、そういうことだ。年月は過ぎ去り、いずれにせよそうなったということだ」とある時、父は言った。

ヴェラと男性たちはたいてい互いの伴侶のことを聞く。ステファンは「今日のマルクスの手料理はグリルだった？」と聞くかもしれないし、彼女は「トーベの風邪はどう？」と聞くかもしれない。現実の世界と小さな秘密の世界が出会う。一度ステファンが親友に新しい出会いがあったかと聞かれたんだと言った。彼がとても嬉しそうで、幸せそうだったからだ。もちろん友人にはノーと答えたが、ヴェラにだけは友人の言う通りだったんだと話してくれた。ヴェラが彼をそうさせたのだ。

とはいえ、2人は滅多に会わないし、ヴェラもメールでのやり取りでは今後の展開が読めない。セックスをした後、ステファンは本当に優しくて、横になったまま何でも話してくれる。その時はまったく偽りのない姿だ。抱き合って眠ることもある。この先も何かがあるような気になる。しかし、彼は不倫アプリでセックスできる〝特典付き〟の友達を探していると載せていた一方で、ヴェラが求めているのは友人になれる愛人だ。恋人関係になるなんて考えたくもない。

コンドーム事件再び

夫と子供たちと休暇をとったことがある。その休暇に大金を費やすことに彼女はうんざりしていたが、子供たちは旅行をとても楽しみにしていた――そして夫の機嫌がすべてを台無しにした。彼女はそれまで食事中に中座することなどなかった。夫はしょっちゅう夕食やアクティビティ、何かの途中で逃げ出すが、ヴェラはその時初めてすることになったのだ。その日は「もういい」と思った。たくさんだった。夫の機嫌と制御不能な暴言は、いつも周りの人の感情を支配する。夫の怒りはいつも誰かのせいであって、彼のせいではない。人生のせい。何かの問題のせい。日常生活のせい。あるいはヴェラのせい。しかし、ヴェラの実家では皆、諦めない。諦めるのは弱い人間だけだと言われてきた。少々の困難が生じたからといって、結婚から手を引いたりしない。「ヴェラ、お前がその男を選んだんだから、その責任を取るんだ」と父は言うだろう。

ヴェラは誰かの一番になりたい。彼女はステファンの一番ではない。それでも自分は愛されるに値する存在だ。今はすでにそれがわかっている。セルフイメージが回復しつつある。その経験はセックス以上のものを与えてくれる。次から次へと現れる男性との出会いは強い信念とよりポジティブなセルフイメージを与えてくれていた。10代の頃、他の子たちがデートしたりパーティーでいちゃついたりしている時、自分は場違いだと感じていた。20代になっても同じだった。デート三昧な日々を送ったことも、数カ月間彼氏がいたこともない。どういうわけか、彼女は無意識にそのすべてを埋め合わせようとしている。自分が何を望んでおらず、自分がいつ気分が上がるのか。声を弾ませるような行為も二度と見たくも聞きたくもない行為も経験してきた。求めているのは「君が一番」と言ってくれ行動で裏付けてくれる人だ。よくある「好きだよ、君が恋しい」といった言葉だけではなく。行動に移すまでは、言葉はただの言葉に過ぎない。

一方、親友のヨンはヴェラの人生、仕事や家族とのこと——そして特に性的なことを聞くのは刺激的だと思っている。彼は彼女を通して生きているのだろう。彼の人生に加わるある種のスパイスだ。一方、彼女は男性たちの自分以外との性生活については何も知りたいとは思わない。ステファンは妻とはセックスレスだと言うが、友人たちとのディナーの後にお酒を飲んだとしよう。あるいはクリスマス・イブに、一段と和やかな一家団欒の雰囲気を味わうとしよう。彼曰く妻は親友だ。だからたまにセックスをするのはあながち突飛なことでもないだろう。

ステファン以外にストューレもヴェラの人生に入り込んできた。ストューレはヴェラより15歳は年上で年寄りだと思っていたが、誰よりもいい体をしている。おそらく鍛えているのだろう。初対面から2人は抱きしめ合い、それが興奮を高めた。ストューレはコンドームをつけ、彼女の中に入れた。仰向けになったまま目の前にある彼の体を楽しんだ。「いいセックス」「なんて上手なんだろう」とヴェラは思った。ことが終わり、ベッドに横になったまま話し続けた。しばらくして再び場が盛り上がった。第2ラウンドの時間だ。ヴェラは興奮していた。彼は後ろから彼女の中に入れた。「なんて気持ちいいんだろう」とヴェラは思った。でもしばらくして何か違和感を覚えた。ちゃんとコンドームをつけていただろうか？ 尋ねると、彼は申し訳なさそうに「忘れた」と漏らした。わざとだったかもしれない。

ストューレは不動産会社に勤め、別世帯に暮らすパートナーと成人した息子がいる。ヴェラが知っているのはそれだけだ。初対面でわかるわずかなことと、メールでのやり取りを除けば、彼の性格については何も知らない。だが、彼とはすべてがあっという間だった。ストューレが犯したコンドーム事件はヴェラを8週間も不安に陥れた。「私に対してコンドームを使わなかったということは、あれが初めてのはずはない」とヴェラは分析する。「だって私のどこが特別なの？ 彼が〝たまたま〟私とのセックスの時だけ忘れたってこと？」他の相手とも〝忘れる〟可能性が高い。ストューレは出張が多い。そしてセックスを強く求める独り身の男性だ。もしどこかで女を買っていたら？ 恐ろしい考えだ。その考えが何度も脳裏を過ぎる。そういうタイプかもしれない。ストューレの海外でのセックス。コンドームなしの。考えただけで気分が悪くなる。

1週間後、彼女は夫とイタリアのアマルフィ海岸にいた。仕事の会議を機に夫が企画し、以前から同行する予定だった。夫には仕事があるものの、2人はほとんど自由だ。用意された朝食を食べ、風呂に入り、おしゃれなランチを食べ、豪華な夕食と続く。2人はそれぞれラウンジチェアに寝転び、きめ細かい砂につま先を埋めて、ドリンクホルダーの飲み物を楽しむ。太陽が気持ちいい。海水浴客やビーチバー、海の音に混じって、どこからかイタリアならではの音色が聞こえてくる。人生は甘美に感じられる、はずだった。ストューレのことさえなければ。夫でさえも穏やかなのに、素晴らしい「今、ここ」ではなく、ヴェラはその時も目覚めた瞬間から眠りに落ちる瞬間まで不安とともにいた。

ヴェラが恐れている最悪の事態だ。ＨＩＶ。本格的な死の不安から休暇が始まり、「人生を台無しにしてしまった」とヴェラは思う。男性たちと出会い、自信が増したことで離婚を考えるようになっていた。最初はただその考えを巡らすだけだった。独身になったらどう感じるかを想像する。他の男性と交際している自分。ごく自然に感じられる。出会い系アプリのプロフィールに「ヴェラ、３児の母、ＨＩＶ陽性」とある独身生活をスタートさせるなど想像したくもなかった。

マルクスは普段はセックスに積極的ではないが、今は家から離れている。穏やかで、夫婦は新しい土地にいる。その晩、ワインを飲んだ彼は積極的になっていた。普段のヴェラなら喜んだろう。でも今は違う。できない。自分はともかく、人に感染させるリスクは冒せない。それくらい、その瞬間、感染を確信している。と同時に、誘いを断るのは変でもある。

事態は複雑になっていた。ヴェラは緊張しながら、どうすれば怪しまれずに事態を収拾できるかを考える。

ヨーアルその8

職場での出会いを求めて

グレタとの離婚手続きの申請からもうすぐ1年が経つ。ヨーアルにとって独身生活は精神的につらいが、職場で声をかけるのはリスクが伴う。勤務中にも惹かれる女性たちには出会うが、接触は危険だ。相手が自分に単なる同僚以上の興味を持っているかどうか、どうやったら、いい形で確かめられるのだろう？　気まずくならずに、自分が同僚以上になることにオープンだと伝えるには？　彼は「ヒシンゲン在住の2児の父で、離婚したばかりで、未だに前妻とひとつ屋根の下で暮らしているのに、どうかしてるんじゃないの？」と言われることを恐れている。純粋に仕事仲間として関心を示す人とそれ以上を求める人を区別するのは難しい。思い切って行動を起こせない。せっかくのチャンスを逃したくないのに。だが、もう自分の性的志向を弁解することはない。スキンシップやセックス、肯定されることで気分が良くなる事実を隠したり、恥じたりしたくない。自分への思いやりを持って、丁寧かつ納得のいく形で、自分のそんな一面を受け入れたいと思っている。新しい女性たちと出会い、意見を交じえ、最初の一歩を踏み出す刺激を楽しみたい。単なるセックスとは全然違う。性的な熱情や冗談、会話を楽しみたい。そうでなければセックスなんて薄っぺらくなってしまい、する価値がない。

離婚届に署名し、引越しの日が近づくにつれてヨーアルの放蕩はますますその度を増している。〈リンクトイン〉は出会い系サイトではないが、2度ほど見ず知らずの女性からメッセージが送られてきた。別の女性には自分からメッセージを書いた。

「仕事でストックホルムに行く予定なんだ。一緒に来ない?」

とっぴなメッセージだったが、返事はイエスだった。最初はパニックになったが、彼女が現れたのは出張の2日目で、出張中ずっと一緒にいる必要もなくうまくいった。

精神的なつながりを求めても

ハイジはまだ彼の人生の中にいる。彼は以前ほど夢中ではなくなり、精神状態も少し元に戻っている。隔週で子供たちはグレタの家に行くため、ヨーアルは隔週で新しい独身生活を送っている。ある晩、彼とハイジは同僚たちと仕事終わりに飲みに出かけた。2人は酔っぱらい、いちゃつき、ハイジは一緒に家に帰ろうよと冗談を言った。驚いたことに、彼女は実行に移した。彼女の長男は家で寝ている。息子に友人のヨーアルが深夜バスに乗り遅れたから泊まりにくるとメールした。何度かハイジの自宅へお茶しに行ったことはあり、娘とは面識がある。彼氏やデート相手ではなく〝ママのお友達〟として。2人は寝室に忍び込む。酔っぱらってクスクス笑いながら互いの服を脱がす。できる限り静かに、2人は服を脱いだまま交わりを楽しむ。ことが終わるとすぐにハイジは立ち上がる。服を着て、息子が本当に寝ているか確認しに行くと、戻ってきてベッドでスマホをいじり、すぐにソファへ移動する。もし息子が先に起きたら、ヨーアルとの関係を疑われたくないから。

ヨーアルはベッドに残り、彼女の匂いを嗅ぎながら、しばらくピロートークをしたかったなと静かに思っている。互いに寄り添う瞬間を楽しみたい。しかし今日はそれができない。たいていそれは叶わない。ハイジの長男には、あっという間に結婚生活に終止符を打った元夫とは別の父親がいる。長男は1週間ごとに父親と母親の間を行き来しないため、息子にとってハイジはフルタイムの母親だ。だからハイジはこうやって家でもお忍びでデートする。

ヨーアルはハイジとの夜に充実感を覚えていた。息子が目を覚まさなかったことにホッとしていた。おそらく2人は2年間で10回はセックスをしただろう。ほとんどは車内。ハイジの家で数回。前回は家に子供たちはおらず、時間を気にする必要もなく、横になってしばらく話をする絶好の機会だった。その時のセックスは彼にとって最も強烈な性体験となった。強烈でエロティック。彼女の激しさを感じた。目を見つめ、この世のものとは思えないつながりを経験した。肉体を通した精神的なつながり。だが、彼女は終わるとすぐにバスルームに行き、服を着て戻ってきた。彼と一緒にいたくないという空気を醸し出し、すぐに2人の夜を切り上げた。ヨーアルが「ハイジ、今は君と僕だけだ！」などと言い出すのではないかと心配していたのかもしれない。そんな会話になることを。ヨーアルは内心、もしそうしたらどうなったか考えて微笑んだ。

ハイジの親しい同僚の1人が、仕事の話のついでにこんなことを付け加えた。「ハイジは私が知っている中で一番賢い人よ。完全に盲目なのが残念。あなたたちに一緒になってほしかった」ヨーアルは思った。「うわ、見抜かれてたんだ」と。見抜いていたどころか、ハイジとヨーアルをくっつけようとしていたのだ。

でもヨーアルは自分の悩みの対象が他の男性ともデートしていることを知っている。彼女が会っている他の男性たちも、ヨーアルと同じような扱いを受けている可能性は高い。違うのは彼が彼女のもとに戻っていくことだろう。彼女はヨリを戻し、ヨーアルは与えられたわずかな断片で満足する。

ハイジは離婚して2年になるが、それ以来、真剣な交際はしていない。だが、カジュアルな関係は複数ある。ヨーアルは職場でも外でも、彼女に好意を抱いている男性が何人もいることを受け入れなければならない。社交的で冗談も言うし、外見も目立つため、中には、彼女に好意以上のものが存在すると考える男性もいるようだ。望まない誘いを受けることもある。厄介な誘いであっても、それらすべてが彼女の自己承認欲求を満たすのだ。彼女はヨーアルと並行して、別の同僚ともデートをしていた。嫉妬にとりつかれたヨーアルはメッセンジャーから目を離さず、彼女が彼の家に行ったのか、自宅に帰ったのか見極めようとする。2人はアプリ上で同時にアクティブかどうか?

それでもヨーアルはささやかなおこぼれに与るだけだ。自分はどうして我慢しているのだろうとふと考える。彼女が「来て」と言うや否やすぐに駆けつける。そう、彼女に恋しているのだ。だが、もう1つ、神経学に関係することがある。

不安を感じる状況ではドーパミンが分泌され、神経学的な作用によって、手に入らないものに対してより多くの感情を抱くようになる。相手が引いたりためらったりすればするほど、より興味を持つようになるのだ。もちろんこれは認識の歪みである。だが、思わせぶりな相手からのメッセージがスマホに届くとドーパミンが放出され、相手が返事をするかどうかわからないとさらに強く反応する。脳はこの〝もしかしたら〟が大好きなのだ。そして、ハイジは大きな〝もしかしたら〟だった。少なくともヨーアルにとっては。

離婚についてヨーアルは思い悩む。離婚した理由は本心だったのか？　それともただの幻想だったのか？　子供たちが成長し、グレタともっと互いのために時間を使えるようになったら、2人の間に感情が芽生えたり蘇ることがあったのか？　当時、彼は母親に電話した。母親はなぜ離婚する必要があるのか理解できず、ヨーアルも説明できなかった。だが両親は怒ってはいない。

心理学者アンジェラその8

浮気・不倫をしがちな人

パートナーが浮気をするかどうかを事前に知ることは誰にもできない。だが、気をつけるべき兆候はある。浮気のリスクを高める特性があり、その特性を多く持つ人ほど浮気をする可能性が高い。本章で紹介する事実と統計に基づけば、次のような人物はハイリスクな人物であり、その人たちをOさんとしよう。

Oさんは20〜30歳あるいは中年層で、長年のパートナーがいる。大都市に住み、飲酒量が多く、退屈なのが苦手だ。愛想が悪く、共感力がなく、情緒不安定で、良心的でない。また、ドーパミン遺伝子が長いタイプで、パートナーよりも社交的で新しい経験にオープンである。スリルを求めるタイプだ。ややサイコパス、ナルシストの傾向があるか、誇大なセルフイメージを持っている。うつ病を患っている可能性もある。父親が以前、浮気をしたことがある。

Oさんはパートナーシップに不満があり、満たされていないと感じている。パートナーとケンカが多く、否定的に扱われ、攻撃的で満足のいかない性生活を送っている。パートナーに辟易しており、精神的なサポートを得られていないと感じている。パートナーと共に喜んだり、笑ったり、前向きな時間を過ごすことがほとんどない。日常生活においても親密なつながりがなく、互いに大切なことを話したり、弱音を吐いたり、心を開いたりすることがない。また、パートナーの浮気を疑っていて、それが自分の浮気のリスクも高めている。自分と全く違うタイプのパートナーと成長のない関係にある。経済的にパートナーに依存しているか、パートナーから経済的に依存されている。自分の方がパートナーよりも社会的ステータスがあり、魅力的だと感じている。

Oさんはパーティーに行くと酒を飲み、酔っぱらい、浮気をする。同僚とペアを組んで働いていて、プライベートな話や肉体労働を通して、その同僚とはますます近い関係になることで感情が芽生える。浮気は出張中、ちょうどパートナーとの関係が低迷している時に起こりがちだ。魅力的で刺激的な人たちと過ごし、男女比のバランスが悪い職場、つまり男性より女性の方が多い、あるいはその逆の職場で働いている。

性格の影響

『性行動分析研究』に掲載された論文「一度、浮気したらずっと浮気し続けるのか？浮気常習者のその後の恋愛」によれば、その問いに対する答えはイエスである。この研究は長期間にわたって被験者を追跡調査しており、ずいぶんユニークなものだ。調査開始時、被験者は18歳から34歳で、浮気をしたことがあるか、パートナーに浮気されたことがあるかを尋ねた。調査期間中、何度か同じ質問が繰り返される。被験者たちは誰もがするような生活を送っており、誰かと出会い、交際し、しばらく交際を続けた後、関係を解消しては新しい恋愛をする。その結果、ある恋愛で浮気をした人は、浮気をしなかった人に比べて、次の恋愛で浮気をする可能性が3倍高いことがわかった。

同じ研究チームが新たな研究を行なった。対象者は１２９４名、期間は5年間。その5年間に関係を解消し、新しい交際を始めた人は４８５名で、前の交際で付き合っていた期間の平均は38・8カ月、新たな交際期間の平均は29・6カ月だった。研究チームは彼らの交際は真剣かつ比較的長いと判断した。被験者の中に既婚者はおらず、調査期間中に結婚した被験者はいなかった。

目的はこれから人生の伴侶や長期的な関係を築く相手と出会ったり、子供を持つ過程にある人々を調査することだった。一定期間ごとに（通常4～6カ月のスパンで）被験者に「現在の交際になってから、パートナー以外の人とセックスしましたか？　また、パートナーが他の誰かとセックスしていますか？　あるいはしていると疑っていますか？」と尋ねた。

この調査では、前の交際で浮気したと報告した被験者のうち、実に45％が現在の交際時にも浮気している。前の交際では浮気しなかったが、現在の交際で浮気したという人は18％でははるかに少なかった。この結果はその人の性格に浮気の可能性を高める何かがあることを示唆している。しかも45％は2回続けて浮気をしている。言い換えれば、リスクが高まるということだが、すべての人に当てはまるわけではない。それはいずれかの交際でしか浮気していない人の方が多かったことからも明らかだ。

ビンガムトン大学の進化生物学者ジャスティン・ガルシアと彼の研究チームは、いわゆるドーパミン遺伝子と浮気の関連性を発見した。197人の若者を調査したところ、いわゆる長ドーパミン遺伝子を持つ女性と男性は一夜限りの関係を持つ回数が多いことがわかった。他の人よりセックスの回数が多かったわけではないが、一夜限りのセックスが多く、浮気も多かった。浮気の頻度も高かった。

こうした刺激を求める人はドーパミンの量が多いわけではない。むしろ、興奮を求めない人と同じ効果を得るためにより多くのドーパミンが必要なのだ。ドーパミン受容体が長いため、その受容体を満たすにはより多くのドーパミンが必要なのだ。大きなタンクを満たすには、小さなタンクに比べてより多くの水が必要なのと同じだ。

つまり、答えの1つはドーパミンだ。次の説明モデル、主要5因子理論を見てみよう。社交性、解放性、協調性、誠実さ、神経症的傾向である。これら5つの性格的特性は誰でも有するが、その比率は様々だ。カリフォルニア州立大学サンバーナーディーノ校の心理学博士ケリー・キャンベル副学部長によれば、主要5因子の「協調性」は、浮気しがちな人が注意すべき危険信号だという。「協調性」が低く愛想がない人だ。誠実さに欠ける人（信頼性や正確性、責任感や自己規律に欠け、衝動をコントロールできない人）や、情緒不安定な人も同様である。これらの結果は世界のどこでも得られた。北米、南米、西ヨーロッパ、東ヨーロッパ、南ヨーロッパ、中東、アフリカ、オセアニア、南アジア、東アジアの10の地域で親切でない人、良心的でない人は浮気をしやすいことが確認された。

他の因子に比べて、浮気と最も強い相関を持つ特性は、誠実さの欠如と協調性の低さだった。これは様々な文化で見られる。

新しい経験に対してオープンで、パートナーよりも社交的な人も他の人よりも浮気をする可能性が高い。また、退屈に敏感な人も。少し意外なことに、ナルシストな特徴を持つ人も浮気をしやすい傾向がある。また、サイコパスのレベルが高い人もアルコールの消費量が多い男性やうつ病の人も浮気をする可能性が高い。父親が浮気をしたことを知っている場合も浮気の可能性が高まる。

これまでの研究では性差が指摘されてきたが、時代の推移とともに男女の浮気率は次第に似通ってきている。実際、40歳未満の男女の浮気に性差はないという研究結果もある。ＬＧＢＴＱコミュニティについてはどうだろう？　同性愛者の男性は異性愛者の男性の7倍浮気のリスクが高い。性別を無視して年齢だけを見ると、浮気のリスクは20～30代が高い。

この背信行為が人間のなにかしらの本能であることも忘れてはならない。こそこそ隠れて規則を破ったり境界線を越えたりすることで、刺激と捕まる恐怖を楽しむ反抗的な一面を私たちは持っているのだ。エロティシズムの方程式では、性的な情熱はしばしば「魅力＋障害＝刺激」であると説明されている。加えて、背信行為と隠し事が強力な媚薬となる。ルールよりも自分を優先することでパワーを感じ興奮するのだ。

浮気・不倫は良い関係でも起こるのか？

違和感があるかもしれないが、良い結婚にも不倫は存在する。なぜか人はそんな浮気を信じたがらず、不倫を夫婦関係のせいにしたがる——なぜ物事が起こるのかを理解する時、因果関係を見いだしたいという基本的欲求が人にはあるようだ。

そうした時に人が最初に探す場所は身近なパートナーシップで、人は明るい場所、探しやすいと感じる場所を探す。スマホや鍵をなくした時、どこにあってもおかしくないのに、実際になくした場所ではなく街灯の周りで探すようなものだ。不倫の場合も同じだ。自分の内面を見つめるよりも夫婦関係という身近な領域に焦点を当て、破壊的でケンカの多い結婚生活を非難する方が簡単なのだ。不倫は夫婦関係の何かがうまくいっていないからだという固定観念は蔓延している。家庭内のすべてがうまくいっていて、必要なものが揃っているなら、外に出る理由がないはずでは？

すでに「浮気は常にパートナーシップに左右される」という神話は払拭されたはずである。とはいえ、浮気の文脈で重要なパートナーシップの要素はいくつかある。

パートナーシップの満足度は重要な要素で、満足している人ほどパートナーに誠実である可能性が高い。満足していなければ浮気リスクの要因となり、不満があるほど浮気は増える。不満は衝突が多いことと不満足な性生活に関連していることが多い。ヴェラの場合がそうだ。1つだけ注意点がある。ヴェラは何度か、会話さえできれば夫と夫婦関係を続けられる可能性があったと話していた。もし2人が同じ方向に舵取りができる夫婦で、マルクスがヴェラに心を許していたらその可能性があったわけだが、彼は心を閉ざし、自分の考えや問題を打ち明けようとはしなかった。ヴェラは何度か私に言った。もし彼が「俺はEDについて調べる必要があるかもしれない」と言ってくれて、実際に性的能力の問題であれば、「一緒に取り組んでいこう」という雰囲気ができて解決の糸口を見つける方法もまったく違ったものになっただろうと。

ケリー・キャンベルによれば、互いの人生が深い結び付きを持たないことはリスクになるという。大事な話題や弱みについてパートナーと話せない場合だ。恋愛は自分にとって重要な資質を持つ別の相手と出会った時に生じる。互いのニーズ、願望、夢、展望をうまく満たせれば、良好な関係への新たな一歩を踏み出せる。それらは意識的なものであったり、無意識的なものであったりするが、愛情が生まれるためには相手を求める思いが相互的である必要がある。前向きな姿勢や楽しいひと時を共にする度にパートナーを求める思いが大きくなり、絆は深まる。相手を喜ばせようと努力し、愛され、大切にされていると感じさせようとする。不快な状況を避け、ハッピーでポジティブなものにしようと心がける。

その人を失いそうになって初めて、自分にとってかけがえのない存在であったことに気づくこともある。突然自分の気持ちに気づくのは、パートナーの病気が原因かもしれないし、他の何かかもしれない。喪失は既知の証だ。自分の感情に気づかせるだけでなく、愛情を煽ったり、生じさせたりもする。つまりパートナーとの間にポジティブな感情を生み出し続け、互いのニーズを満たし合うことは、幸せな愛と貞節の可能性を高めるのだ。

関連して言えば、否定的なコミュニケーションの増加や攻撃、関係性へのコミットメントや献身の喪失は、そう、浮気のリスクを高める。パートナーが浮気しているのではないかという疑念もまた、不安要素だ。浮気を疑うことで、自らの浮気のリスクを高めることになる。人々の行動に影響を与えるもう1つの要因は結婚生活の長さである。時間が経つにつれてパートナーはより慣れ親しみ、関係性はより予測しやすくなる——性欲が失われ、ドキドキする感覚は弱まる。総じて言えるのはコミュニケーション不足、攻撃性の存在、コミットメントの欠如、結婚期間の長さが不倫の原因の25％を占める。つまり、人が浮気をするかしないかを、25％まで予測できるのだ。

しかし、原因はさらにある。退屈もリスクの1つだし、パートナーシップでは精神的なサポートの欠如もリスクを高める。例えば、ヴェラとマルクスの夫婦関係だ。マルクスは子供が病気の時でさえ連絡を断つなど、ヴェラに子供たちの世話を丸投げした。カップルが一緒にいる時にどれだけポジティブな瞬間があるかも重要になる。そして、どれだけネガティブな瞬間が多いかも。喜び、笑い、支え合う前向きさは浮気のリスクを減らす。ネガティブな瞬間はリスクを増やす。浮気をする人の中にはもっとパートナーに気にかけてもらうため、自分が幸せでないことを知らせるために浮気をする人もいれば、逃げ道にする人もいる。

自己拡大モデル

アメリカの心理学教授アーサー・アーロンは、自己拡大モデルと呼ぶ心理モデルを発見した。これは2つの重要な原則に基づいている。第1に、人間には自己拡張の欲求があり、他者を取り込もうとする。人に限らず資源、新たな視点、支援、情報、財産、資本、知識などもそうだ。アーロンによれば、成長させ、豊かにし、「自己」を大きくするものということになる。このモデルによって自分自身を磨き、向上し、変革し、新たな交際に挑む意欲を起こす。より新しい、より良いヴァージョン、自分2.0になるために。パートナーを自分の中に取り込めば相手の資産、アイデンティティ、地位も自分のものになる——「彼女と自分の収入を合わせれば、都市部のアパートメントが買えるかもしれない」「彼は学位も持っていてとても優秀だから、家族や友人に好印象を与えられるし、きっとリッチな会食にも招待してくれるはず」

メッセージのやり取りや他愛もない長電話、一緒にいる時間や相手を思って白昼夢に浸る最中、共にする将来を描き始める時から、資産や地位を共有する構想は始まっている。これらも刺激や満足感を伴う一種の自己拡張である。新しい交際が始まる際に起こることはすべて新しく刺激的なものに感じられるが、この自己拡張も止まる日が来る。それは互いに慣れきってしまい、日常生活や交際が新鮮に感じられなくなった時だ。実際に悪いことは何も起きていないにもかかわらず、関係性に満足できなくなるのは自然の成り行きだ。この時期を過ぎると浮気のリスクが高まる。

これは、私がかつて本に書いた「人を動かす原動力」の2つに近い。第1は進化の観点から見た社会的地位だ。それが人を生き残らせるためにいかに役立ってきたか。社会的地位の高い人ほど食べ物や寝床を先に手に入れることができる。パートナーとしても関心を惹く存在となる。第2の原動力は知識や情報、そうした意味での成長への欲求である。パートナーとの関係性を通じて充分に自己拡張できていないと感じれば浮気のリスクは高まる。あるいは資産や経験、成長をより多く得たいと考えている場合だ。

その本の中に「恋愛関係――トレードオフ?」という章がある。この章ではパートナーシップにおける力関係がいかに人を不安にさせるかについて述べている。研究者が社会的交換理論や最小利害理論と呼ぶ概念がある。Aという人物がBという人物に行使する権力は、Bが価値ある資源をAに依存しているかどうかの関数だ。現実ではどういうことかというと、アガタ(A)とベルナルド(B)が付き合っている。ベルナルドはストックホルム生まれでアガタはストックホルムに引越してきたばかり。ベルナルドは多くの知人がおり、どこに行くにも道に迷わないし、2人は彼のアパートメントで暮らしている。つまり、BはAより大きな力を持っている――最小利害理論によると。別の言い方をすれば、ベッペ(B)が失業中でパートナーのアリエル(A)に収入がある場合、

Bが働いていた場合よりもAは大きな力を持つということだ。

恋愛関係が権力構造の影響を受けるというこの考え方は、パートナーシップについて思いやりのある見方ではないように思える。愛し合う2人をこんな視点から見たくはない。だが、とにかく見てみよう。このテーマでは興味深い研究が数多くあり、浮気の理由の数々を見つけることができるからだ。

言い換えれば、力関係は相対的なものだ。資源は相手に対する影響力を増大させ、依存を減少させる。この考え方を再びパートナーシップに当てはめれば、より大きな影響力とより少ない依存度を持つパートナーの一方（最初の例ではベルナルド、2番目の例ではアリエル）が、2人の関係性の優先順位を下げる可能性が高まることを意味する。つまり浮気をする可能性が高まる。

同じモデルはまた、パートナーシップがあまりに自己拡張的で圧倒的だったり、パートナーとの親密度が高すぎたりすると、それを重荷と感じ、距離を取るために浮気を選ぶこともあることを示している。浮気が自己拡張や親密さ、結びつきを弱めるからだ。ヨーアルとハイジとの関係性のように聞こえないだろうか。

〝違い〟が人を惹かれ合わせるとよく言われる。しかし、交際当初は自分と違う相手は魅力的かもしれないが、時間が経つにつれて、多くのカップルはその違いを問題視し、相手の欠点とみなす傾向がある。パートナーと自分の性格や学歴などにミスマッチがあればあるほど互いに浮気をする可能性が高くなる。

「衡平性と婚外性交」という研究によれば、パートナーよりも自分の方が社会的に好ましく、魅力的であると認識すると浮気のリスクは高まる。

例えば、主要5因子の社交性、解放性、協調性、誠実さ、神経症的傾向が同レベルであること（性格が似ていること）は、恋愛関係において好ましい。コネチカット大学の社会学准教授であるクリスティン・マンシュは、収入と浮気の関係を研究している。その研究によれば、男女を問わず、経済的に依存している人は浮気をしやすい。性別の違いがあるとすれば、経済的依存がある場合、男性の方が女性よりも浮気をする傾向がある。スウェーデンを含む世界の多くの国々では、地位や権力、誰が稼ぎ手かなどでジェンダーに対する固定観念がいまだに根深い。硬直化した固定観念が生活の隅々にまでつきまとっているのは実に悲しいことだが、研究者たちは経済的に依存する男性は不倫をすることで自分自身と距離を置き、男らしさを喪失した腹いせをし、成功した配偶者を〝罰する〟のだ、と説明している。この場合、複数の性的パートナーは誇張され、戯画化された男らしさのある種の表象だ。根底にあるのは古くから文化的に根付いている男性のジェンダーロール（性役割）を果たすことができないという感情だろう。ステレオタイプがいかに有害であるかのさらなる証明とも言える。

特に危険なシチュエーション

知り合いが盗みを働くことだってある。一人一人見ればあまり浮気しない性格かもしれないし、幸せなパートナーシップがあって他者からの承認などあまり関心がないかもしれない。だが、ある同僚が自分に興味を示したとする。共同で仕事をする同僚かもしれないし、一緒にいて心地よく感じる同僚かもしれない。ＳＮＳで思わせぶりなメッセージが送られて気持ちが刺激され、浮気が始まるのかもしれない。出張やクリスマスパーティー、お酒を飲み過ぎてしまうような場面だったり、パートナーと倦怠期に陥っている時に誘われるかもしれない。パートナーのために多くのことをあきらめなければならず、隠れて浮気をして力関係を回復させたいと思う。魅力的で刺激的な人たちと時間を過ごすなども誘惑の多い状況だ。調査によると、浮気をした人の46～62％が仕事を通じて知り合った相手とだった。我らが友人ヨーアルもここに入る。仕事を通じて同僚と

2人きりで過ごす機会があったり、心理的な距離感が縮む個人的な話題について話したり、相手の身体に触れるような仕事だと、浮気の可能性が高まる。

パートナーが日中、家にいて、自分は外で働いている場合も浮気に走る可能性が高い。ここで言う〝家にいる〟とは、いわゆる在宅勤務のことではなく、一方が家計の多くを稼ぎ、もう一方が育児や失業で家にいるような状況を指す。一般に、職場環境は新しい出会いの機会を増やすし、その結果、浮気の機会も増える。

職場で働く男女比も要因の1つである。男女の分布が偏っていて、男性が圧倒的に多かったり、女性が多かったりするとリスクは高まる。一見、男女同数の方が浮気相手候補が増え、選択肢も多いため最もリスクが高いように思える。だが女性が少なければ女性が多い場合よりも1人当たりの男性から口説かれる機会が増大するという事実が関係しているのだろう。そうでなければ生じなかった競争的状況が、特別な「競争心理的」力動を伴って男女双方に生じるのだ。男性が少ない場合も同様だ――その場合、より激しく言い寄られることだろう。

地方都市より大都市の方が浮気のリスクが高まる。都会では浮気相手が多く、匿名性が高いことに加え、一般的に都会に暮らす人の方が浮気に対する態度は多少リベラルである。

もしヴェラがストックホルムでなく、スウェーデン中部にある村オッケルボなどの小さな町に住んでいたら、浮気相手と出会うのは簡単ではなかったはずだ。デート場所のホテルのフロント係が知り合いだったり、いとこかもしれず、「うそ、ありえない、これは無理だわ」と不倫をキャンセルすることになっただろう。


ここで述べたことすべて——誰と、どこで、いつということは、秘密の関係の領域に足を踏み入れるリスクを高める。

では、誘惑を避けるためにはどうすればいいのだろう？　私は時々、3つのAについて話す。お手頃（affordable）で、手に入れやすく（accessible）、匿名（anonymous）ならば浮気の可能性が高くなると。

危険な状況を防ぐ1つの方法は、恋が花開く前に恋に落ちるプロセスを止めることだ。なぜなら、落ちきった時にはすでに相手のことをすっかり好きになっていて、流れに逆らうのは困難だからだ。

ヴェラその9

コンドーム事件の余波

コンドームなしでセックスしたせいでヴェラは夫のマルクスとセックスできなくなってしまった。アマルフィ海岸にいる2人の日々は夢のようになるはずだった。だが病気に感染したかもしれないという不安を抱え、突然セックスをしたがっている夫にどう説明すればいいのか悩んでいる。

「マルクス、できないの。不倫中に性病かHIVに感染したかもしれないから」などとは言えない。ヴェラは胃の調子のせいにして、その場をしのぐ。簡単な血液検査では解決できない問題だ。HIVとなると検査結果が出るのに8週間待たなければならないからだ。不安が彼女を内側から蝕む。だが不安があろうとなかろうとイタリアでの日々は過ぎ去り、スウェーデンへの帰国便に乗ることになる。自宅の敷居をまたいでも不安は居座っており、相変わらず心を蝕んでいる。ヴェラは時機を待って検査を受けた。結果は4日後だ。検査結果のメールを待ちきれず、電話でクリニックに問い合わせた。

「陰性です」

安堵の涙が流れた。

ストューレをブロックして久しい。不貞を働いた彼女への天罰――「見ろ、自業自得だ、当然の報いだ、宇宙のカルマはそうなっているのだ」――もきっとすぐなのだという思いに駆られる。ヴェラはこの件で、自分は幸せになる価値がない、不幸はいつも一寸先に潜んでいると今さらながら平手打ちを食らったように感じている。浮気をする人はたくさんいる。でもこんな恐怖に苦しんでいるようには見えない、と彼女は思う。

ヴェラは基本的には自分で自分の責任を負い、他者の幸せを願っている人間だと自分では思っている。家庭を壊さないように夫と一緒にいる。用心深くコンドームにも気を配り、いつも子供たちのそばにもいる。確かに不倫はしているが、これほど厳しく罰せられるべきなのか？　精神に異常をきたすことなく人生を送るために不倫を選んだのに。

男性たちがいかにコンドームを使いたがらず、いかに自分自身や妻を危険にさらしているかを知ったのはショックだった。確かにペーテルは自分の意志でコンドームを装着した。彼はコンドームを装着した上でセックスすることが当然だと思っていた。だがその他の男性たちは誰もがデートやチャットの内容に関係なく、職業や学歴に関係なく、コンドームなしでしようとした。男性は皆、コンドームなしでしたがっている。全員だ。トミーという男性に出会う。ヴェラにとって初めての独身男性で、新しいパターンだ。最初にした時、彼が買ったコンドームは小さすぎた。あまりに小さくてすぐにはずれてしまい、彼が彼女の中から性器を抜いた時、コンドームは残ってしまった。コンドーム問題にはうんざりだ。

セルフイメージの回復

トミーは旅行代理店の営業マンでストックホルム中心部のイェーデに住んでいる。出会ったのは〈ティンダー〉だ。ヴェラは〈ティンダー〉にも守備範囲を広げ、瞳以外はすべて黒という秘密のプロフィール写真を作った。既にパートナーがいる人々が〈ティンダー〉でよくする手だ。そうでなければ自然写真なんかを載せている。写真は本人だとわからないくらい匿名性が高い必要があった。そのうちの1枚は境界線ギリギリだったが、離婚してもいいという考えに慣れきっていたのでヴェラはそれほど危険だとは思わなくなっていた。しかし〈ティンダー〉にプロフィールを載せていること、デートしているとがバレたら、大混乱になるのはわかっていた。マルクスが騒ぎ出せば離婚に水を差しかねない。財産分与、引越作業、家の売却、子供たちへの連絡などなにもかも捗らなくなるだろう。

離婚。その言葉を噛みしめる。感情においても思考においても、ヴェラはそのまっただ中にいる。不倫はもはや幸せでない結婚生活に対処する単なる手段ではない。不倫は彼女に何かをもたらした。自分の人生を変えるために不倫への扉を開いたのかもしれない。

ただし一筋縄ではいかない。彼女はセックスをし、注目されることで自分を求めてくれる男性がいることを知った。だが、男性たちが自分の身体に夢中になるのを受け止め、楽しんでいるうちに、同じまなざしが表面的で、自分がモノ扱いされているように感じるまでにそう時間はかからなかった。屈辱的ですらあった。不倫相手たちからの要求の多いメールにはうんざりさせられる。返信にも疲れた。〝きちんと〟返答しないと「君は上品だな」と返事がくる。１枚も写真を送ってこないのに、裸の写真を要求してくることもある。勝手に男性器の写真を送りつけてきて、何か返してほしいと言ってくる。浮気専用出会い系サイトを「乱暴なセックス、アナルセックス、支配されたい」などといった好みを入力すれば相手が現れるオーダーサイトだと勘違いしている人もいる。そういう場面に出会うごとにヴェラの気は進まなくなり、不快になる。ポルノ依存のかわいそうな人たち。

考えるだけでうんざりだった。これは不倫であって、私は娼婦ではない、あなたは愛人候補であって、買春相手ではない。本当に要求が多く——君は僕に一体何をくれるんだ?——卑屈で、家父長的。「君にはもっと期待していたのに」と気分を害し、連絡を断つ男たち。彼らは限界に挑戦しているようだった。彼女にどこまでやれるか、何を要求できるか、どんなことまでなら期待できるかを試すテスト。妻が望まないセックスでも彼女は同意する?　ビデオセックス?　裸の写真は?

気分を害した後、「あれはただの冗談だよ、わかるだろ?」と戻ってくる男性たちも中にはいる。

反論されるといつもあれは冗談だったと言うのだ。本気じゃないのは明らかだろ、真に受けた君が愚かだ。

トミーとは数カ月間、親しく連絡を取り合っていた。だが最初から彼には嫌な予感がしていた。早くから、彼の人生における自分の役割は孤独を和らげる応急処置的なものだとヴェラは気づいていた。友人や仕事にも恵まれ、いい家にも住んでいたが、彼は1人で暮らすのが好きではなかった。こんなメッセージを送ってくることがあった。「一緒にベッドにいてくれる相手が欲しい」「クリスマスを祝ってくれる人がいたらどんなにいいだろう」彼が振りかざす永遠の〝誰か〟。それがすべてを物語っていた。ヴェラは彼の〝誰か〟になるつもりはなかった。

彼女のセルフイメージは癒された。強くなったと感じる。誰かにとっての〝誰か〟でいるだけでは物足りない。求めるものにも変化が起きていた。以前はセックスできればよく、親しくなりたいとは思っていなかった。適度に相性がよければ感情的なものまでは求めなかった。ちょうどいいマッチング、ちょうどいい魅力、ちょうどいい相性。だがそれはもはやゴールではない。それ以上のものを感じたい。より高い倍率の賭けをするため既婚男性と独身男性の両方と会うようになった。

それでもトミーとの関係には終止符を打った。ある土曜日の夕方、家で1人彼のフェイスブックを見ていると「女性の訪問」というコメントとともに皿2枚とワイングラスを2つ並べた写真を投稿していた。他の人とデートするのは勝手だが、それを投稿するなんて！　ヴェラはそこが気に入らなかった。

パートナーに求めるもの

次も独身、警察官のエリックだ。彼の家に誘われ、ヴェラは「セックスはしない」と言ってあったのに脱がされた。

彼は拒否するヴェラに苛立ち「冗談だろ?」と言う。

「だから先に言ったでしょ、エリック」と彼を見て言い返す。

攻撃的になるだろうか? 彼を落ち着かせるためにセックスをしなければならないのだろうか? 思い切って、自信たっぷりに続ける。

「私のノーを無視するのは適切だとは思えないわ」

「通報なんかしないでくれよ」と彼は苛立ちながら言い放つ。

「しないわ。でも様子を窺ってるわよね? 寝転がって触れ合うのはいいわ。でも、セックスはしないって言ったでしょ。どうして私が考えを変えないといけないの? あなたは私のことを知らないんだから、これが本心だということを前提にするしかないわ」

1週間後、2人は再会し、セックスをする。ある時、ヴェラはメールをこう締めくくる。「私が恋しい?😉」彼は不機嫌そうに「いちいち自分の気持ちばかり説明していられないよ」と答えてくる。しばらくするとまた同じような返事が届いたがヴェラはそのままにしておいた。「ピリピリしていて、すぐカッとなる」と彼女は彼を評する。彼の離婚は最近で、前妻とはそれぞれ近所で家を買っている。デートをし始めたが神経質だ。それでも彼は独身だ。ヴェラはそちら側へ向かっている。

ヴェラはずっと前から、デートする相手はあまりハンサムではいけないと思っている。できれば年上が望ましい。何歳か年下のステファンは例外だ。なぜか理由はわかっている。自分の体重、体つき、余分な肉に不満がある。自分の外見の何が不満かより、何に満足しているかを挙げる方が早い。男性が年上で平凡であれば、不安を感じずに済む。だが私を優先しない男性と会いたいとは思わない——確信は持てないが、そう試しに考えてみた。きちんと考えてみれば理論になるかもしれない。彼女が選ぶのは、自分に全身全霊で尽くさない男性なのだろうか？　同時に、もし男性がすべてを捧げてきたら、彼女自身はしつこくて、面倒で「彼は自分にとってふさわしくない」とも感じる。これがマルクスと恋に落ちた理由の1つだろう。だから彼を選んだのだ。頭では自分を優先してほしいし、そうでないと悲しんだり動揺したりするが、実際に価値ある存在として扱われ、誰かの人生において重要な存在になると、やはり不思議な感じがする。

ヴェラが返信できないのはヴェラに夢中になりすぎている男性だ。メールが続くのは適度に積極的な男性だ。ヴェラも気づいている。自分を選んでくれる人を探していることに。例えば、会うために何かの予定をキャンセルするとか、自分と一緒にいるために何かを犠牲にしてくれる男性を求めていることに。選ばれていると感じたいのだ。彼女は好きな人のためなら多くの犠牲を払うつもりでいる。メールもそうだ。ほとんど返事をくれない人や翌週に返事をくれる人もいるが、彼女自身は少なくとも1日に1回は時間を作って返信する。その一方で、もし誰かが本当に彼女を選び、「君といたい、妻と別れる」と言ったとしたら、それは流石にクレイジーだと思う。「まだ出会ってから3カ月しか経ってないのに、どうしたら私を愛し、奥さんと別れるなんて言えるの？　頭おかしいんじゃないの？　どうしちゃったの？」と思うからだ。

彼女の結婚生活には常に二面性があった。マルクスの考えや気持ちを知ることができず、2人でいても孤独だった。まるで同じ家をシェアする2人の下宿人同士のように。セックスがなくなると他もすべて止まった。隣同士で眠ることもなくなった。触れ合うこともない。そんな結婚生活だったら、下宿人よりもひどいと率直に思う。少なくとも下宿人には、家賃を納め、掃除をするならここに住んでもいい、と要求することができる。ヴェラが抱いている期待が結婚生活をダメにしているのかもしれない。自分とマルクスはチームで、互いに助け合い、支え合い、触れ合うべきだという期待。「夫婦関係に高すぎる期待を抱いているのだろうか?」

セックスは愛情とパートナーシップの証明書

友情による結婚の場合、家計を共有し、日常生活を共に切り盛りし、別荘を共同で管理する。だが、セックスの役割は違う。ヴェラにとってセックスは自己を肯定してくれることを意味する。愛情とパートナーシップの証明。もし欠けていれば、疑念が膨らむ。「私を愛しているのだろうか?」

代わりに求めたのが見知らぬ男性たちとのセックスだ。だが、浮気専用出会い系サイトの男性たちを笑いの種にもする。まるで新しい奥さんを試したがっているようだと。彼らの夫婦関係は悪化して死に絶えているが、隣の芝がどれほど青いかわからないから試しに片足を突っ込んでみている。多くはセックスレスだ。だから、新しい妻を探す時、妻候補がセックスを望んでいるかどうかを知りたがる。「肉体的な相性がよければ」という言い方をする。それ以外のこと、相手が魅力的かどうかはあまり重要ではない。今の妻も同じだからだ。新しい妻と古い妻の違いは、セックスを望んでいるかどうかだ。セックスレスだと証言する人々は数多くいる。ヴェラが連絡した3分の1がそうだろう。妻が立ち入ることのできない、自分だけの秘密の場所を持ちたいという人もいる。刺激をほしがっている人だ。パートナーに自分の性的嗜好を提案したが、応じてもらえなかった人やフェチのようなものを持っている人もいる。経験したことがないことをする——というバケットリスト（死ぬまでにしたいこと）がある人もいる。アナルセックスは間違いなくその中の1つだ。オーラルセックスもそう。なんてことだろう、99・99％の男性に当てはまる、とヴェラは思う。ギブアンドテイクで言えばギブはしたがるが妻がテイクしたがらないという人がとても多い。妻とできなければ浮気サイトで自分の嗜好に対応してくれる女性を探すのだ。

また、自分のやり方を通したい、自分が優位に立ちたいと思っている男性も多い。ヴェラが「離婚したらシングルでいたい」と口にすると、男たちは腹を立てることがある。例えばステファンはそれは冷たいと言う。彼は離婚は絶対にしたくないが、もし離婚したらしばらくはシングルでいても、その間はヴェラと付き合いたいと言う。なぜ彼女はそうではないのか？　それが彼らの考え方だ。素晴らしい結婚生活を送っているとメールしてくる人たちでも、ヴェラが夫とセックスしているかと尋ねてくる。家でうまくやっているのかと。そういう男性のほとんどは「将来、何が起こるかわからない」「もしかしたら自分を求める女性が妻以外にいるかもしれない」と思ってそう聞いてくるようだ。

何人かの男たちはヴェラに思いを寄せるようになったとメールしてくるが、彼らにとってはヴェラに求められていることが一番重要なようだ。ゲームをコントロールするために。

重要なのはセックス以外の何か?

数え切れないほどの不倫相手との出会いを経て、ヴェラはセックス以外の何かが重要なのだと気づいた。彼女は浮気専用出会い系サイトでも、セックスフレンドよりも友人のような関係になってしまうことが多い。確かに、話し相手がいるのはいいことだ。セックスする気が起きない時はデートではなくランチをしようと提案した。ステファンは手を握るのが好きで、髪を触るのが好きな人もいる。デートを思い返して、その時経験したことを突き詰めていくと、大切なのは居心地のいい時間やピロートークだ。セックスそのものではなくその周辺。浮気サイトに登録した頃はセックスがすべてだと思い込んでいた。時が経つにつれ、むしろそれ以外の何か、もっと重要なものは魂の距離感にあるのではないかと思うようになっていた。

多くの人が求めるのは、基本的な人間関係以上のもののようだが、彼女の電話やピロートークは互いの夫婦関係を補うことに終始することも少なくない。「もしかしたら、奥さんはこういう意味で言いたかったのかもしれない」とか「もしかしたら、旦那が本当に必要としているのは」などと。彼女は誰かの結婚を救ったかもしれないという事実に喜びを感じるし、カウンセラーやセックスセラピストという言葉も思い浮かぶ。こんな風に女性の視点を男性たちに提供したりする時は、自分が愛人だという後ろめたさから解放される。相手夫婦はヴェラと会う前から問題を抱えていたのだ。

夫以外の人と付き合い始めた頃、本当に求めているものを得るためにはセックスにお金を払う必要があるのではと思ったことがあったが、自分と夫との間にある主な問題はセックスではないと気づくようになった。2人の生活こそが問題なのだ。心惹かれる何かを家庭以外の場で得たとしても、家庭での暮らしに我慢できないと悟ったのだ。

ある日、彼女はストックホルム市内にあるヴァーサ号博物館でステファンとデートをした。太陽が照りつけ、その日は互いに急ぐ用事がなかったので散歩に出かけることにした。心地よい午後だった。穏やかで、親密で、特別な時間だ。時折、軽くキスをし、手を握り合う。これこそが、彼女が日常生活で望んでいる〝本当の〟パートナーシップだった。おそらく男性たちも心の中ではこれを望んでいる。皆「不倫によって親密さや優しさ、つながりというパズルの小さなピースさえ手に入れればすべてがうまくいく」という確信から出発する。足りないものを補え、家庭での惨めさを我慢できる。友人の輪も断ち切らず、家や別荘を売り払うことも、離婚して義理の両親との連絡を断つことも、子供の隔週スケジュールを作ることもせずにすむ。だが最終的に、それだけでは不充分だ。心地のいいセックスはせいぜい月に1回程度だ。浮気しているからといって身も心も満たされるセックスを数え切れないほどできるわけではない。複数の男性と出会おうにもデートまでこぎつけるのは難しいし、自分の子供がノロウイルスに罹っていなくても、相手の子供が罹っていたりする。自分の職場で急な変更がなくとも、相手の職場であったりする。その上、自分にもデート相手にも疑り深い伴侶がいる。

もし彼女とステファン、あるいは他の男性との間にパートナーシップが生まれたら――新しい関係に持ち込む荷物はなんと多いことか。ヴェラの荷物には、夫との年月を経て、あまりにも多くのものが詰まっている。病気になった時のようだ。ヴェラが風邪をひいたり胃の調子が悪かったりして、マルクスが看病しなくてはならない時、毎回彼は〝気の毒な存在〟を演じるのだ。夫に尋ねたことがある。「私が泣いているところから始まった話し合いなのに、どうしてあなたが自分を哀れむことになるの？　マルクス、私たちはどうしてこうなったの？」

ヴェラがデートするのは男性はろくでなしばかりだと証明するためなのか、まだいい男もいるという希望があるからなのかわからない。本来のヴェラの不倫の目的は、結婚生活を継続することで、不倫が彼女の人生をひっくり返すことはないはずだった。だが、もはや隠れた二重生活は限界だった。ヴェラは自らの人生を歩みだしている。混乱が起こる前に、夫と大事な話をしよう。

ヨーアルその9

愛人が他の人とデートしていたら？

ハイジがＳＮＳで浜辺の写真をアップした。彼女のむき出しの脚と男性の太くて毛深い脚が並んでいる。足先はきめ細かい砂に埋まり、水平線には青く澄んだ海。彼女らしくない、とヨーアルは思う。軽率だ。実際、そうではないだろうが、友人か彼女の兄弟かもしれない。誰の写真であろうと、数時間後には削除される。ヨーアルも連絡を取り合っていても写真を見たことはおくびにも出さない。彼女のデート相手についてとやかく言うのは彼の役目ではない。

その後、浜辺の男性は彼女がデートしている２人のうちの１人であることが判明した。しばらくメールのやり取りをしているうちに話題がハイジのリードで恋愛話になったのだ。

「ねえ、多くの若者とデートしてきたけど、ないものが沢山あるの。魅力、経験、謙虚さね😉😉😉」

褒めているのか、それとも嫉妬させたいのか？　意図を摑めぬままこう返信する。

「別に肯定してもらいたかったわけじゃないよ。ただ、面白いたとえだと思っただけだ」

その前に書いた雰囲気のある古民家とこれから買うかもしれない新しいアパートメントの比較に触れて、返信した。彼女が２人目のデート相手を話題にしたからそう書いてみたのだ。木曜日の夜に会える？　と彼はメールを締めくくった。

「その前に若者2人とデートしなきゃいけないんだけど、どう思う？😉」

もう平気な顔をしていられなかった。「どういう意味？」

「あなたって何事も真面目にとらえるのね。少しは楽しまなきゃ。実は2週間前から付き合っている人がいて、明日デートなの」

「もちろんデートしてきたらいいよ。君はまた来週僕に会いたがったよね。それはデート？　それとも仕事？　僕、何か勘違いしてるかな」

いつも通り、彼女から返ってくるのはあいまいな返事。「頭の中がいっぱいで、仕事もたくさんあるし、お母さんの引越しを手伝わなきゃいけないの。混乱してて。日々のことを話したかっただけ。その人はまだ子供もいない、将来性もないただの男の子よ。新しい人に会う度にあなたとの関係がどんなに楽か比べてしまうの」

ヨーアルは理解できない。ヨーアルを求めてもいないのに、なぜ彼女は彼と比べ、自分たちの関係を特別だと思うのだろう？　はっきりさせなければ。自分はハイジと今以上の関係になりたいのだと説明しなければならない。「ハイジ、僕は今に満足しているし、たくましくなったんだ」と自身の離婚に触れ、離婚の原因は彼女ではないと安心させようとする。ハイジは負い目を感じたくないだろう。自分が離婚したかったのであって、それが唯一正しいことだと思ったから離婚したのだと説明する。ヨーアルは続ける。

「今、自分の選んだ道は正しかったと思ってるんだ。君への気持ちは知っているよね。でも、ここ数カ月は以前ほど会っていないから、少し気持ちが冷めてるのも確かだ。まだ君のことを思う日もあるけど、以前ほどじゃない。でも、こうやって連絡をもらったり会ったりすると、僕の中で何かが燃え上がるんだ」

思いの丈を打ち明けた。

「君は賢すぎるから、デートの話をされて僕がどう感じるか理解できないだろう。詳細をすべて目の前に突きつけられるとキツいんだ。君のことをすごく大事に思ってるから、スイッチを入れたり切ったりするみたいに急に〝友達になる〟なんてできない」

この瞬間、自分はここにいて、デートできる独身の身なのに、ハイジは他の男性たちとデートする。その年下の男性たちは経験不足で未熟で、共にする将来を描けないと言う。自分はどうすればいいのか？

「ごめんね、ヨーアル。デート相手の話をするべきじゃなかったね。でも、もう独身は嫌なの。誰かと出会って、恋をして、幸せになりたい」

ではなぜヨーアルと〝愛し合って幸せに〟なれないのか？　何が邪魔をしているのだろう？　理解できない。「以前は僕が既婚者で、曖昧な態度を繰り返していたからだと思ってた。そんな男に興味を持つべきじゃない。でも、離婚した今、君に深い関係になる気も関係を進める気もないなら、現実を直視する時だと思うんだ。それとも、僕は何かを見過しているのかな？」

そう書いたが、ヨーアルは躊躇する。怖がらせてしまったかも？　本当はどっしり構えて、何度か会って様子を見るつもりでいた。だが、すべて正直に伝えてしまった。こう付け加えた。「君は僕を他の人と比べるけど、僕とは一緒になりたくはないんだ。それが僕の解釈だ。ハイジ、理解できないよ」

「あなたの解釈は正しいと思うし、私にも理解できない」という彼女の答えはやはり事態をはっきりさせない。

付き合いと束縛の線引き

絶望的だ。理解できない。どうやら彼女自身もそうらしい。それとも、ただとぼけたふりをしているだけなのだろうか？　まだこの話題を終えられないが、何らかの方向性は見出せないだろうか。はっきり言うことにした。

「もう少し寛容になれたらと思うよ。これからも連絡を取り合って、時々会って、そういうことに落ち着いて対応できるカジュアルな関係になれたらって。でも、それは無理だと気づいたし、僕にはできないんだ。気持ちが大きすぎるんだ、ハイジ。重たいと思われたくないけど、つい考えてしまうんだ」

そしてこう締めくくった。

「ハイジ、会いたいよ。でも僕を他のデートの間に押し込まないでくれ。僕は自分の気持ちと何を望んでいるかを正直に伝えたから、あとは君次第だ」

彼女からの返事はハートの絵文字2つだけだった。それはヨーアルを落ち込ませ、動揺させた。彼はハイジに「先に他のデートを済ませてから」と言われたらどう思うか尋ねた。そう彼が書いてよこしたら？

「私だったら激怒するわ。あなたは怒るべきよ」

だが彼女は「たとえなんの権利もなくてもね」と付け加えると、「来週また会いましょう」と送ってきた。

彼女は、もし自分自身がそのような扱いを受けたら怒るだろうと認めながらも、さらっと批判を受け流すにはプライドが高く、そもそも付き合ってもいないのだから互いに束縛しあう権利がないことも強調した。数秒後、別のメールが表示される。「明日はデート1件だけ♡」

どうしたのだろう？　最後のメールは本当にハイジが書いたのだろうか？　ここまでデートについて開けっぴろげに書いたことはなかった。それに、彼女の言葉がこれほど無神経で無礼だったこともない。ヨーアルはどうしていいかわからない。彼が結婚していた時、ハイジは彼に気があるように見えた。だが、彼が本当に彼女のものになる時がきて、本音を正直に伝えてみればこの仕打ちだ。からかっているのか、怖れを抱かせようとしているのか、挑発しているのか？　何があろうと自分の人生を生きるのだと強調したいのだろうか？　誰にも左右されたくないと？

以前、ハイジと不倫関係にあった頃、独身のハイジが他の男性と関係を持つことは自立の証で、既婚男性の愛人としてヨーアルとの関係にバランスを取ろうとしているのだと考えていた。ハイジはその立場が心地よくないのだと。既婚男性の余り物で甘んじる、劣等感の塊のような哀れな女になりたくなかったのだと思っていた。現実はそうではない。独身の彼女にはデートする複数の男性がいて、その1人がたまたまヨーアルだったのだ。

近づけば離れる、離れれば近づく

メールも電話もせず――しばらく音沙汰のなかった後、突然、ハイジからコンタクトを求めてきた。彼女の暮らしの中でヨーアルの存在感が増すと、離れていく。減ると、近づいてくる。今回もそうだ。2人の力関係は常に、彼が彼女を追いかけ、口説き、繋がりを求めるというものだった。ヨーアルは自分が既婚者である以上、それは当然だと考えていた。同時にヨーアルはハイジと過ごすうちに、彼女が何人もの相手を傷つけてきたことも知っていた。ほとんどの場合、関係を終わらせるのは彼女の方だった。ハイジに新しい出会いがないのは、自分と連絡を取り続けているからだと彼は見ていた。それは希望的観測だろうか？　自分はハイジにとって特別な存在だと、2人の繋がりを信じすぎている？　わからない。混乱する。承認欲求が強い自覚はある。

魅力や美貌という点では自分はハイジより格下だ。仮にカップルになったとしても決して安心できないだろう。始終彼女が他に承認を求めていないか心配することになる。出世している共通の同僚とのデートも知っていた。2人のメッセンジャーをチェックし、同時にアクティブになったかどうかを見ることで、彼女が彼の家へ行ったかどうかを突き止めようとさえした。なんて病的で破滅的なんだと今では思う。でも何も変わっていない。ヨーアルはいまだにハイジに気持ちを残し、彼女は他の男性ともデートをしている。

その状況がヨーアルを追い詰める。自分と彼女、２人の間にいる他のデート相手たちを分析し続ける。ハイジは見かけほど幸せではないような気がする。一見幸せそうな外面や陽気な冗談めいた言葉の裏に、おそらく闇がある。というのも、きっと自身をよく理解できている人なら、例のメールのような言い方はしないはずだからだ。

あえてこんなことを書くべきかどうか悩む。「僕は君と交際したいし、付き合える。君は、僕と付き合いたいのかな？　まだ確信が持てないなら、距離を縮めて、少しずついい関係を築けるかどうか試してみないか？　君と付き合えることを願ってる♡」これなら成熟した思いやりのある真摯な態度だ。もし彼女がそうしたいなら――素晴らしいことだ。もし彼女が望まないなら――少なくとも自分は努力したし、いずれ乗り越えられるだろう。付き合えてもうまくいかない可能性だってある。ハイジはおそらく恋人向きではない。だが大失敗したとしても挑戦したい。人生はあまりに短いのだ。もちろん、このメールがディスられる可能性はある。だが、彼女のメールがディスでないならなんだと言うのか。事態が悪化することはないはずだ。自分の望みを正直かつ率直にすべて話し、できる限りのことはしたと彼女のもとを去ることができるだろう。彼女の承認欲求のおもちゃにされるのをやめられる。それが今の彼の実態ならば。

ヨーアルは、ハイジが最終的に他に誰もいないからという理由で自分を選ぶのを恐れている。子供の頃、チーム遊びで友達を選ぶ時のように、「そういえばまだヨーアルがいたわ」と。ヨーアルの心と頭はバラバラだ。自分とハイジが交際しているところは想像できないのにハイジを想い続けている。

だが彼は日に日に強くなっている。今一番キツいのは大きなプロジェクトでフルタイムで働くのに同意したことだ。ハイジもそのプロジェクトに携わることになっている。ヨーアルから連絡をせず失望したまま1週間が過ぎた。そんな時、スマホが震える。ハイジからだ。

「怒っているかもしれないけど、明日の時間について何か知ってる?」

仕事の打ち合わせのことだ。「知らない。買い物中」彼女は、彼がまだ以前の出来事を過去のものとしていないのだと受け取ったようだ。「まだ怒っているのね。ごめんね、ヨーアル」

彼女は続ける。「明日デートなの♡」

彼はなぜそんなことを今伝える必要があるのかわからない。無視をして、より中立的なスタンスでいることにした。「今日は忙しくて。返信しなかったのは怒ってるわけでも、駆け引きでもないよ。怒りが収まったとはいえ失望してるんだ。君がわからないし、君の行動も理解不能だ」

気分を害していないふりはしないが、やりとりを適度なレベルに保とうとする。

「そっか、私の行動ってどういう意味？ 独身でデートしてること？」

「いや、そうじゃない。僕への接し方だ。今朝、この間のやりとりを読み返したけど、まるで現実じゃないみたいに感じたんだ」

「わかったわ」と彼女は答える。

「君はデート相手について僕に話すけど、結局のところ、君が求めている相手は僕じゃないんだよね？ それなのになぜ僕と会いたいんだ？ よくわからないよ」

「私に関わらないのが一番だと思う」

ヨーアルは電話をかけてみるが、出ない。「話した方がいいと思って、電話をかけてみた」とメールした。

返事はない。もう一度、電話をかけてみる。「どうしたいんだ、ハイジ？　何を望んでるんだ？」

その返事もない。

ゲームは続く

ハイジのいない日常は続く。滞りなく。ハイジとの接触はほとんどないが、むしろ、だからだろうか、ヨーアルは久々に清々しい気持ちで日々を過ごしている。そんなある日、2人は職場で会った。そんなことは毎日あるわけではない。夜遅くにハイジからのメールが届く。最初は仕事上のたわいない質問だったが、やがて「会えて嬉しい♡　私たちっていつもキスする寸前ね」とトーンが変わる。

彼はすぐにこう答える。「そうかな？　そろそろ本題に入ろうか！♡」

「そうね。2人で食事をしてお酒を飲んで、おしゃべりして笑いたい」と思わせぶりなことを言う。

「最高だね😉」

「会いたい」とハイジは書く。

「僕も。僕らの関係がどうなるかはきっと時間が解決してくれるだろう。一日一日を大切にしなきゃ。君に窮屈な思いをさせたくないし、僕自身、大事な時期なんだ。子供たちが安心できるよう子育てに専念したいんだ」

彼女は同意する。「そうね、自分と子育てに専念してね。一番大事なことだから。私の要求やわがままに付き合ったりするんじゃなくて♡私たち大人はいつもなんとかなるしね。疎遠になるくらいなら友達でいたいな」

ヨーアルは「奥さん？　それとも絶交？　即答して！」と送らずにはいられない。

「奥さん」と彼の誘いに乗っかってハイジも返信する。

ヨーアルはストックホルム市庁舎での結婚式のリンクを送る。

「ごめん、教会派なの。もうやめて。今は自分と体調、離婚のダメージからの回復に集中して」

ヨーアルは我慢できず、すぐにスウェーデン国教会の結婚式のリンクを送る。

ハイジもその冗談に便乗し、「ハイジを妻にする心構えはあるの？」ヨーアルはまたメッセージを送る。「逃げろ！」

だが、彼は走って逃げはしない。火遊びのような会話を楽しんでいる。彼女の行動パターンを熟知している彼は、「逃げたな！」と付け加える。ハイジの返信は「もちろん！」だった。

次に連絡をとったのも夜遅くだった。２人は仕事の話や子供の話をし、しばらくするとデートの話になった。ハイジは週末に知人の息子とセックスしたことをぽつりと口にする。ハイジがまだエーレブルーに住んでいた若い頃、よく一緒に働いていた元同僚の女性の息子だ。ヨーアルはその元同僚と成人した息子との関係を必死に想像してしまう自分自身を止めることができない。彼は興味津々でハイジは話したがった。不思議なことにハイジはヨーアルに知っていてほしいとさえ思っているようだった。ある晩、その元同僚とハイジはワインを飲んでいた。元同僚が突然「うちの息子はあなたのことを素敵だって言ってるのよ」と言った。ハイジは冗談混じりに「息子さんはハンサムですよね」と返した。元同僚の息子は確かにハンサムだった。その１週間後、その青年とハイジは結ばれ、ハイジは青年に尋ねた。

「お母さんはここにいることを知ってるの？」

「ああ、知ってるよ」

ヨーアルは21歳の若者に嫉妬していいのかわからない。でも嫉妬していた。

心理学者アンジェラその9

浮気・不倫発覚時のリアクション

元夫はすべてを否定した。不倫などしていなかったという。浮気が発覚した人たちは伝説になるような多様な言い訳を次々と口にする。人によっては怒ってみたりミスリードしたり、パートナーが被害妄想的で頭がおかしいと非難し返す。包み隠さず話してほっとする人もいる。2年という期間、浮気問題に取り組んでみて取材対象者や友人のパートナーから集めた浮気発覚時のリアクションは次のようなものだった。どうぞお楽しみ下さい。

「傷つけるつもりはなかった」　浮気が無作為に行われることは稀で、たいていは何らかの作為が存在する。この言い訳を言った人は何が起きたかパートナーが見破るとは思っていなかったのだろう。こんなことを言うこと自体、ミスリードの要素を含んでいる。「起こったことで傷ついたと言いたいなら、それはあなたの問題だ。私はそういう意図じゃなかった」ということだ。浮気当事者の行動について騙された側の解釈をはぐらかそうとするもので、浮気した方に悪気があったわけでは決してなく、否定的に解釈しているのは相手の方なのだ。これは、自分が善人側だというイメージを維持しようとする方法である。相手を傷つけたという事実はある意味、重要ではない。相手の傷ついた感情は〝巻き添え被害〟の一部でしかない。しかし、浮気は傷つく。ほとんどの場合。だからこそ秘密にされるのだ。不倫した夫がこの言い訳を使った際、「ええ、傷つける意図はなかったかもしれないけど、危険から守ろうとしたわけでもないでしょう」とある友人は言った。

「何の意味もなかった」浮気が発覚した際、よく聞かれる言葉だ。なんとなく、これで事が下火になるのではないかと期待してしまうのだろう。何の意味もなかったのだから、すべてなかったことにしてしまってもいいじゃないか？

「君を愛しているが、もう惚れていない」これも自分を思いやりのある人間として描こうとする方法だ。先に「愛している」と言えば「でも惚れているわけではない」と文章を締めくくったとしても気分はまだマシだ。冒頭の温かい言葉が文末の冷めた言葉を和らげてくれる。浮気当事者もある程度、善良な人間としての立場を保つことができる。自分を愛している人に腹を立てるのは、愛していない人に腹を立てるのより難しい。浮気当事者は情熱が消えてしまったことを表現しているのだが、曖昧であるため、別れをさらに難しくする。「これは別れる決定打ではなく、まだ関係を修復する余地とチャンスはある」という意味に取れるため「他に好きな人ができた。残念だけど、もう別れよう」と言われるよりも大きな心の重圧となりうる。私が取材した裏切られた側の人の多くは「自分への気持ちが冷めたのと、他の選択肢に心を開いたのはどちらが先だったのだろう」と自問している。

長期的な恋愛ではそれほどドキドキワクワクが続くわけではない。ときめくためには時折、何らかのアクションが必要かもしれない。特に10年間妥協し、誰が病気の子供と一緒に家にいるべきかについて口論してきた後では。おそらく何を言ってもやっても裏切ったパートナーの気持ちを変えることはできないだろう。だが自分が必要としているものを口にすることはできる。「自分には愛され、尊重される関係が必要なのに、そんなふうに接してもらっているとは思えない」と自尊心と気概を持って伝えることだ。パートナーに愛される存在であろうと自ら墓穴を掘ってはならない。すでに無関心を示している相手の愛を得ようと自分ではない誰かになるような、矯正を必要とするパートナーシップなど意味がない。パートナーが別れたいと言ったなら、手放せばいい。

「オープンな関係にしないか？　一夫一妻制は不自然だ」浮気がバレてから突然オープンな関係を提案することと、何も起こらないうちに話し合いの場に持ち出すこととは別物だ。ここで問題なのは、人間が一夫一妻制かどうかではない。問題はむしろ、浮気をした側が自分の意思でゲームのルールを変えようとすることだ。これは信頼の問題だ。新たなルールを受け入れればすぐに話し合うべき新たな問題が出てくるだろう。自分たちは互いの主たるパートナーとなるのか。友人を口説いてもいいのか。それとも赤の他人とだけにするのか。それぞれの浮気について報告すべきか。どうやって自分たちの関係を維持するのか。

問題の核心は、信頼するに値しないことが明らかなパートナーと、新たなルールに合意しようとしている点だ。ポリアモリーな関係も信頼の上に成り立っている。倫理的な非一夫一妻制には、何が許され、何が許されないかについて当事者同士の合意が必要だ。ポリアモリーな関係であっても、容認されない関係が発生することはある。ポリアモリーな関係ではなく、1対1の関係を望んでいるのであれば相いれない取り決めだ。

「（不倫による失恋の）感傷に浸らせて」　浮気相手との破局は浮気当事者にとってもキツいだろう。傷つくだろうし、関係もうまく終わらせられないかもしれない。浮気相手のもとに戻って、やり直そうとするかもしれない。だが、裏切られ、だまされたのは誰なのか。地歩を失いかけているのは裏切られた側であって、浮気を選択した側ではない。相手が感じている悲しみは自ら招いたもので、誰もその支えになれと強制していない。サポートが必要なのは裏切られた側だ。相談できる人はいるだろうか？　かつての結婚生活はもう存在しないのだ。

「セックスレスだったから」　これは騙された側を責める言い訳だ。「もっとセックスができていれば、こんなことにはならなかったのに」だが浮気する前にセックスの頻度について話し合い、一緒に解決しようとしただろうか？　相手はもっとしたいと思っているが、2人の仲が悪かったり対等な関係でないからセックスレスになっているのでは？

「体の関係はない。メールしてただけだ」　浮気をした人の多くは後から浮気の理由をでっち上げる。パートナーに話されるのは耳障りではない部分だけ。4回のデートが1回になったり、密会が「ただのメールのやり取り」になったりする。何があったにせよ、意図的に隠された秘密の関係であることに変わりはない。それだけでその関係は「浮気」の範疇に入る。

「ただのセックスだった」　感情的な関係は純粋な肉体関係よりもダメージが大きい。そのため「ただのセックスだった」と主張することで、ダメージを最小限に抑えようとするのだろう。だが、セックスは恋愛関係の重要な一部である（セックスがなければ、その関係は友情に近しいものになるからだ）。人によっては、パートナーが隠れて親密で感情的な関係に至った方が苦しいことであり、また別の人にとっては、性的な裏切りの方がより深刻なこともある。

「今の関係は幸せじゃないんだ」　このフレーズは自分自身の罪悪感を軽減しようとしている。今の関係は幸せではないのだから、浮気くらい構わないだろうと。だが、「自分は幸せではない」という話し合いは浮気の前にされるべきだ。そうすれば「自分／自分たちがこの関係性のなかでもっと幸せになるにはどうすべきか」あるいは「関係を終わらせよう」という対話につながるはずだ。部外者を巻き込む前に。

「何もしていないんだから、話すことは何もないし、被害妄想だ」　ミスリードしてくる人もいるだろう。相手の感情や記憶を疑わせるために使われる巧妙な手口だ。情報が省略されていたり、歪曲されていたり、偽って伝えられたりする。浮気当事者は具体的な証拠を隠そうとしているのかもしれない。裏切られた側にとっては終わったことなのか、そうではないのか、何が真実かわからずつらい。不確かなことは不都合な真実よりも耐え難く、自分の反応や感覚を信じることが難しくなる。状況によっては質問したことすら謝る羽目になるだろう。近しい人に真実を話せるかは敬意の問題だ。できないなら浮気当事者は自分自身を優先し続けているとみなすよりない。自分が心のうちで感じているほど悪人には見えないよう、人格とエゴを守ろうとしているのだ。

「もう二度としない」 浮気は本来の自分ならしないことで、一度限りだったと信じさせようとする戦略である。不始末は自分の性格的特徴などが原因なのではなく、不幸な過ちだったと思わせたいのだ。繰り返しになるが、人間というのは自分を誠実な人間だと印象付けたいものだ。ある恋愛で浮気をした人が、そうでない人に比べて次の恋愛でも浮気をする可能性が高いことはすでに示した。同時に、浮気には実に様々な理由があり、実際に一度きりである可能性もある。したがって、どのような不貞行為であったのかを明らかにする必要があるだろう。背景には何があったのか。許すと決めたのならばどうすれば信頼を回復できるか突き詰めて考える必要がある。浮気は必ずしも関係を終わらせるものではない。だからこそ浮気した側の対応が関係を続けられるかどうかを見極める糸口となる。相手のせいにするのか？　他の誰かのせいにするのか？　罪悪感を最小限にしようとするのか、裏切られた側の痛みに寄り添うのか？　その行動次第で関係を続けられる可能性があるかどうかがわかる。裏切られた側が望めばだが。

パートナーシップや状況によっては、望むような反省や心からの謝罪を得られない場合もある。つらいことだが、次に進むためには区切りをつけなければならない。それは可能だ。結局のところ、全体像を把握したり、知りたかったことをすべて理解するのを諦めることだ。最終的に、それは必要ないと感じるだろう。

ヴェラその*10*

離婚を切り出す

ヴェラが出会い系サイトに入会するきっかけとなった、ソファでの運命的な夜から1年半が経った5月。内なる進化によってヴェラはもう不幸な結婚生活を我慢したくないと思うようになっていた。ボロボロになったセルフイメージの回復はほとんど万全だった。勇気を振り絞って、「マルクス、私、いろいろ考えていたの」とためらいがちに話し始めた。

夫を見つめる。機嫌はどうだろう?

「あなたも知っての通り、私たちうまくいってないでしょ」

夫はどうやら都合の悪い話だと悟ったように睨んできた。言葉を口に出す前にヴェラは一拍おき、一か八かで言った。

「マルクス、離婚したいの」

「それはまた今度にしよう」と苛立ったようにつぶやく。

だが、〝また今度〟は決して来ない。話を持ち出すたびに夫は電話をし始めるか、何か別のことで忙しそうにする。何も起こらない日々に離婚が具体化することもない。ヴェラは離婚届をプリントアウトし、署名欄に署名をし、夫がいつも着ている服の山の上に置いておく。しかし何も起こらない。離婚届は何日経ってもそのままだ。

ヴェラは仕事場から家に電話して聞いてみることにした。

「マルクス、服のところに書類が置いてあるのわかってる？」

「悪い冗談だと思ったんだ」

「私は本気なの」

「ああ、見てみるよ」

2人は電話を切る。

10月中旬、離婚についての最初の会話から5カ月後、2人はダイニングに座っている。食事を終え、満腹になったところで、ヴェラは離婚の話を持ち出さなければと思った。話し合いが手に負えなくなることを覚悟の上で、穏やかに話し始めた。

「離婚のことで話があるの」

一呼吸おき、柔らかいまなざしで夫を見つめる。

「向き合ってほしいし、書類を記入してほしい」

だが、この冷静な態度はうまくいかない。話し合いは一歩一歩、本格的な口論へと発展し、しばらくすると、マルクスは大声で叫ぶようになる。

「子供たちを連れて全部持っていけ」

マルクスはこれまでになく激怒しているが、彼女は諦めない。もう二度と。諦めたら離婚もできない。一生、夫とこの家で以前のような惨めな結婚生活を続けることになるのだ。

「大声を出さなくても。子供たちに聞こえるでしょ」と落ち着かせようとする。

「この話を始めたのはお前だ」と怒る。

「ええ、でもいつ話せばいいの？　子供たちは部屋にいるのよ。叫ばなければ、あの子たちも聞かずにすむ。いつなら話せるの？」と彼女は尋ねる。

数秒間黙り込み、こう続ける。

「家の外だと人に聞かれるから恥ずかしいんでしょう？　仕事中に電話でこの話をしようとすると『今はやらなきゃいけない仕事がある』と言って話せない。ベッドに入った後も無理。あなたは疲れてて眠たいから。今ならあまり疲れてないし、子供たちが自分の部屋にいるから話せると思ったのに、他にいつこの話を持ち出すべきだったっていうの？」

ガチャガチャと皿を片付け始め答えようとしない夫に対し、ヴェラは続ける。

「マルクス、離婚したいの。どうすればいいの？」と穏やかにはっきりと訊く。

「同意してくれないなら離婚訴訟を起こすわ。そうするわ」

「それならそのクソ離婚届をよこせ。サインしてやる！」とマルクスが叫ぶと離婚届にサインが揃った。

何が原因だったのだろう？

ヴェラは書類を手にとり、サインを見る。ゾクゾクするような現実離れした感覚に襲われる。離婚するのだ。彼女は16年前のある日、廊下で立ったまま泣いていた時のことを思い出す。「どうしたら好きになってくれるの？」太ったり痩せたり、髪を短くしたり長くしたり、染めてみたり地毛に戻してみたり、セクシーな服や地味な服を買ってみたりした。何を試さなかっただろう？　彼女が望んでいたのは夫の気を引くことだった。

何をすれば気に入るだろう？　自分のしていることは間違っているのだろうか。何をやってもうまくいかなかったが、あれは最初の子供が生まれる前だった。妊娠した彼女はとにかく夫婦関係を維持しようとした。1人で出産するなんて。離婚が頭をよぎった時は「ホルモンバランスの乱れのせいかも」と言い訳した。妊娠は大変だった。体はしんどいし、赤ん坊と自分の健康が心配で精神的にもつらかった。その上、対処しなければならないことがあるなんて耐えられそうになかった。妊娠と出産が終わると次はマルクスの両親が病気になり、そちらに専念した。そのタイミングで離婚するのはさすがに気の毒だし、子供たちが成長すれば夫婦関係は改善されると思った。それからは一難去ってまた一難という具合だった。最初の子はほとんど眠らず、一晩中泣き叫んでいた。あれほど睡眠時間が短かったことはなかった。眠れないことで認知症のようにぼんやりし、急激な視力低下に陥った。夫はほとんど家にいなかった。だが、1人っ子として育ったヴェラは自分の子供に同じ思いはさせたくなかった。新生児を抱えて離婚するのは大変すぎる。だから彼女は留まった。

しかし、夫に愛されているとは感じられなかった。2人は一緒にいたが、親密さに欠けていた。精神的にも肉体的にも絆は感じられなかった。ヴェラはストックホルム南部で週に2、3日働き始めた。帰宅は17時過ぎだった。食事が残っている時もあればない時もあった。夕食も食器もすべて片付けられていることもあった。新しい職場を探すことにし、家の近所で勤めることにした。相変わらず子育ての責任はヴェラにあった。トラブルが起きた時の対応も彼女にかかっていた。状態が深刻な時に夫に電話すると、こんな返事が返ってきた。

「君ならうまくやれるから、任せるよ。俺には仕事があるんだ」

あるいは、「もう寝ないと、明日仕事だから」

カチッ。

巧妙に躱されたり、避けられたり。結局いつも彼女の責任だ。夫の実家では誰かが落ち込んでも対処したりせず、皆、避けた。袖をまくって「助け合おう」なんてことはなかった。誰かが悩んでいても電話したり声をかけることはせず、邪魔しないのだ。何か納得がいかないことをヴェラが話し合おうとすると、夫はこう答えた。

「何の文句があるんだ？　お前を殴ったことがあるか？」

いや、ない。だが言葉で誰かを傷つけるのはよいのだろうか？　夫が自分の言葉を後悔したことはあるのかもしれない。数時間から数日間黙っていることもあった。時には数週間。だがもうヴェラは沈黙に耐えたりしない。

「客観的に自分の機嫌や行動をどう思う?」とヴェラが訊ねたことがある。夫がうっかりつまずいた掃除機を、怒って無理やり洗濯カゴに放り込んだ時だ。どうしてそんなことをするの? 確かに私を殴ってはいないけど、あなたの乱暴な態度が状況と不釣り合いな時は? あまりに大袈裟で私や子供たちが怖がっている時は? それでいいと思っているの?

マルクスはそういう行動を誘発するのはヴェラだと自分を弁護する。自分は自分の務めを果たし、仕事を終えたら家に帰っている。妻を殴ったりしない。そうだ、だから自分はいい夫だと彼は考える。何事も最低限で済ませられるのはさぞ居心地が良いだろう。マルクスには強い女性が必要だ。ヴェラはそのことに気づいている。だがマルクスは必要とされ、認められたい。だから相手の女性は強すぎても自立しすぎていてもダメだ。彼と同じように結婚は望んでいるが、親密さを必要としないタイプでなければいけない。夫は家も子供も車もある一家の長であり、自分が〝普通〟の成功者であることを証明したい。彼が求めているのは幸せな夫婦関係というよりもステータスなのだろう。その中身よりも外見の方が重要なのかもしれない。

離婚を後悔しそうになる

最後の離婚の話し合いから2カ月の間に様々なことが起こった。16年前、ヴェラが住宅組合の会員登録をしていたお陰で順番待ちすることもなく、一時的に自宅からほんの数キロのアパートメントに入れることになった。マルクスは新しくてきれいな、まっさらなページのようなそのアパートメントへ引越したがった。ヴェラは当面、自宅に留まることになった。20年間の結婚生活、夫婦の子供時代の荷物、3人の子供たちのベビーベッド、洋服など、2人ともどうすれば空っぽにできるのか想像もつかないほどの荷物でいっぱいの家だ。家はいずれ売りに出すつもりだ。2人とも、手入れが簡単で便利な新築のアパートメントに引越したいと思っている。もう戸建てはいらない。人生のその章は終わったのだ。

ヴェラによれば、夫婦は友人といる時や旅行している時——つまり一番晴れやかな状態——が一番いい状態なのだという。ストレスがあったり空腹だったり、危機的状況にある時は最悪の状態になる。彼女は現在、旅行中でも友人宅にいるわけでもなく誰かと〝特別な〟状態でもない。誰もいない。その上、離婚という現実に直面している。すべてがこんなに悲しく感じられるなんて、どういうことだろう。友人たちとの楽しい時間、同僚との飲み会、気になる男性とのデートなどといった楽しい独身生活はどこに行ってしまったのか。1人孤独にテレビを見ている。家には誰もいない。子供たちはマルクスと一緒にいて、ちょうど夕食を食べている頃だろう。「離婚を進めるために、私たちも距離を置きましょう」と提案したのがヴェラでなければ、マルクスは彼女も誘っただろう。距離を置こうと言った時はそれが最善だと思っていた。だが今は自分の言葉を後悔している。離れたいのは夫からであって子供たちからではない。そして夫との距離が離れれば離れるほど、子供たちとの時間も減っていく。だから今は家で1人、すべてが幻のように思える。ヴェラが思い描いていたのはこんな暮らしではない。

もしヴェラが考えを改め、元に戻してほしいと頼んだらどうなるだろう？　孤独は恐ろしく、重い。もしかしたら彼女は一生孤独かもしれない。出会う男たちは1人として手に入れる価値がないが、少なくとも夫のことは熟知している。ヴェラのカードでレストランですぐに支払いを済ませるマルクス。世界各地のウイスキーを片っ端から飲んで、偉そうに物知りぶるマルクス。朝6時に起きて自分で調合したマリネ液で肉を仕込み、家に来た客に細かくソースを説明するマルクス――そう、惨めな日々は続くのだ。

それでもヴェラは、本当に正しい理由で結婚生活に終止符を打ったのかと自問自答せずにはいられない。結局のところ、どんな関係も数年後にはこうなってしまうのではないか。親密さもなければ万事は渋々行われ、口うるさく嘲笑を交えた暴言を浴びせられる日々。暴言の代わりに受け取るのは攻撃的な褒め言葉。侮辱を褒め言葉の形にした「素敵なドレスだね、少しスリムに見えるよ」といった醜い言い方。毒矢は思いがけない時に放たれる。「ママに聞いてごらん、ここのボスはママだから」あるいは「ママに頼んでごらん、うちの稼ぎ頭はママだから」

　考えただけでも寒気がする。

　昔はもっとシンプルで、どうでもよいことばかりだった。「マルクスは自分が平等な人間だと思っているかもしれないけれど」とヴェラは考え続ける。「俺は皿を洗い、料理や洗濯をして、子供たちの相手をしているんだ」周りの人たちは夫が立派なことをしたかのように彼を囲んで拍手喝采――実際には普通の女性が一日にすることの30%しかしていないのに。幼い頃、ヴェラの父親は来客のための〝楽しい〟料理を作っていた。パンチェッタやスモークポークなどを使ったカルボナーラで、男同士が出来を競い合うような料理だ。日常的なつまらない料理ではなく。ヴェラは聞きたかった。「家事を妻と平等に分担したいからやってるの？　それとも楽しいからやっているの？」

　思っていたよりもずっと大変だった。離婚することも、子供たちが夫と一緒にいる夕方、１人で混沌とした家の中にいることも。取り返しがつかない、とヴェラは思う。弱気になった瞬間、離婚を後悔しそうになる。脳内でテープを巻き戻して慣れ親しんだ暮らしに戻る。これは間違った決断だったのだろうか？　まだ元に戻れる？　ヴェラは自分が誰かを求めているとわかっている。誰かを必要としていることが情けない。１人ではバーベキューもできない。隣人から安く買ったトレーラーも運転できない。彼女はなぜ男性が結婚生活を続けるのか不思議にも思う。なぜ離婚する人もいるのだろう。男性の行動のほとんどは奇妙で動機もないように見える。物事に対する内省もないまま、ただ行われているだけのようだ。結婚生活においても何が本当に〝問題ない〟範囲なのか、そして何が別れて列車から降りるのに充分な理由なのか？　マルクスとの結婚生活は悪い結婚生活だったのだろうか？　自分は非現実的な期待をしていたのだろうか？　これが進むべき道なのか？　彼女の不倫はある意味で目的を果たした。自尊心を高め、自己を解放してくれた。

　別居してしまえば不倫する必要はない。裁判所で離婚は成立、離婚届は税務署に提出済みで、子供たちは隔週で両親の家を行き来することになっている。家を片付け、内覧できるようになったら売却する予定だ。1歩進んで2歩下がるように感じることもあるが、離婚は前に進んでいる。自分が望んだこととはいえ、ヴェラは不安だ。夜もよく眠れない。理由はドアのロックだ。玄関ドアのコードロックは数字の組み合わせで解錠し、鍵は必要ない。マルクスも暗証番号は知っている。変更するにはマスターコードが必要なのだが普段は何でも知っているマルクスもそれがどこにあるのかわからない。説明書さえない。鍵の会社に電話して助けを求めたが、マスターコードがなければ何もできないという。

始まりは静かなものだった。留守中に誰かが家にいたような気がした。捨てた覚えのない食べ残しがゴミ箱にあったり、出勤前に乾燥機に入れる時間がなかったはずの洗濯物が乾燥機の中にあったりした。被害妄想に陥っているのか？　それとも頭がおかしくなっているのか？

ある日、ヴェラが帰宅し毛皮の襟のついた秋物のジャケットを玄関脇に掛け、ブーツを脱いでキッチンに向かうとテーブルの上に花瓶が置かれていた。

彼女は凍りついた。

ヨーアルその*10*

結婚が終わる時

朝、グレタが目を覚ますとヨーアルが彼女の頬をそっと撫でていた。2人にとって幸せな瞬間だ。ヨーアルは仲直りだと感じさせないように、注意深くグレタに接している。あまりにも危険で、壊れやすいからだ。妻がこの親密さとぬくもりを楽しんでいるのを見ながら思う。あと1週間もすれば彼女の新居の改築は完了し、2人は別居することになる。その後、離婚が成立する。2人が新しい生活環境で精神的に落ち着くまで、どれだけかかるかはまだわからない。

結婚はいつ終わるのか？　2人の結婚生活はだいぶ前から終わっていたのだろうか？　終わりはセックスがなくなったり義務的になった時点だろうか？　別々の寝室で眠るようになったら？　気持ちが冷めてしまったら？　それとも、子供や家族、友人に離婚を告げ、離婚申請したら？　関係が本当に終わった瞬間を特定するのは難しい。ヨーアルは「すれ違いが生まれ、心が離れてしまった」と言えるようになれたら互いにとってベストだと思っている。だが、彼らの場合はそうではない。〝彼が不倫した〟のだ。まったく違う含みをもった罪と恥だ。ずっと近しい関係にあった妻の父親はもうヨーアルと関わろうとしない。友人たち、特にグレタの友人たちは不誠実で欺瞞に満ちた元夫と見るだろう。どれだけ彼がその汚名を返上したいと思ったとしても。

しかし、生活の大半は以前と同じようにありふれたものであるにもかかわらず、彼は久しぶりに生きていることを実感している。離婚は正しく、2人は夏の終わりには別々の住所で暮らすのだ。離婚の過程で妻に負担をかけた負い目から、グレタの希望にはできる限り耳を傾けている。どこかに送っていってほしいとか食器棚を取り付けてほしい、家具を買ってきてほしいと言われればやる。離婚は必要不可欠だったが、もっと適切な方法があったはずだし、すべては彼の過ちから発したことだ。時々、グレタが恋しくなるかと自問する。そうでもない。いろいろな用事や子供たちのことで彼女に連絡することは普通にやるが、何もないのにあえて彼女に会いたいと思わないことははっきりしている。1人でベッドで目を覚まし、胎児のように膝を抱えて彼女を呼ぶことも一度もない。以前はそれを恐れていた。

ヨーアルは自由を求めて、現在は数人の女性と付き合っている。そのうちの1人が、ヨーアルより1年早く離婚したサラだ。魅力的な女性だからヨーアルは恋に落ちて彼女と落ち着きたいと願っている。だが彼はまだ恋はしていない。一方、彼女は彼に誰かと交際する準備ができていないことを理解しながらも付き合いたいと思っている。彼女は彼が自分以外の誰とも会っていないと満足げに語る。しかし、ヨーアルが交際に消極的なのは、まさに他の女性たちと会いたいからなのだ。ヨーアルは時折、同僚のミカエルが何をしたとか言ったとかをサラに話す。実際はサラとの意見が食い違った時に自分が矢面に立たされないようにするためにミカエルを例として使っている。食い違うのはたいていパートナーシップやデートについてだ。ミカエルは1対1の関係はもう終わりにしたと言う。サラはそう聞くと腹を立てる。彼女は一緒に年を取っていけるような人と出会いたいからだ。

ヨーアル自身はまだ1対1の関係を切り捨てたつもりはないが、誰かと本気で交際する準備ができているとも思えない。サラには10代の子供が2人いて、隔週で一緒に過ごしており、交際の準備はできている。ハイジの場合と比べると2人の関係性ではヨーアルの役割は逆転している。ハイジとの関係でのヨーアルのように、サラがヨーアルに依存しているように思える。残念ながら、ヨーアルは完全に正直にならなかったため、窮地に陥っている。サラにとって、1人を選べるのに何人もとデートしたいというのは理解不能だ。好きな人は1人だけ。複数の異なる人とデートすること自体を見下している。「誰かと出会ってときめきを感じた後に『明日また別のあの人に会えるなんて楽しみ！』とは思えない」と彼女は言う。

だが、ヨーアルにとってサラはナンバーワンではない。やっぱりハイジだ。時々、昔の気持ちをよみがえらせるメールが届く。土曜日に会える？

ヨーアルはハイジとどうなるかわかるまでサラを選べない。わかったらサラに付き合おうと言おうと思っているが、今はエーリンやミシェルに会うのを優先する時さえある。

出会いは何のため？

すべては人生の伴侶に出会うためでなければならないのだろうか？　賭けの額が大きすぎてリスクだらけだ。わざわざ探さなくても、たまたまそうなった方が楽ではないか？　でないと相手探しだけでいっぱいいっぱいになってしまう。かつてサラとその話をしようとしたが、嫌悪感を顕にされたのに尻込みし、「そうだね、僕らがデートし始めてから他の人とデートしたこともあったけど、ずいぶん前のことだよ」と真実を包み隠した。他の女性たちとのデートから距離を置いていると言ったことが彼女に「真剣交際の覚悟はできている」と思わせてしまったのだ。必要以上に事態を複雑にしてしまった。むしろ、デートを続けていると言うべきだった。今までも現在もずっと。驚いたことにサラは彼が誰とデートするか知りたがった。彼女に何の関係があるのだろう？　彼は独身だ。サラとの関係については誠実さを求められても構わないが、彼が誰とデートをし、その相手がどこで働いているのかまで明かすよう強要されるのは理にかなっていない。彼女のそんな一面を見た時、彼は諦め、話をする勇気をなくしてしまった。

「もしあなたが他の誰かとデートし始めた時に対処できるように知りたいの」

そう言いながらも彼女の身振り手振りや表情全体は〝そんなことさせない〟というシグナルを送ってくる。だからヨーアルははっきり言わなくなったのだが、それが行き過ぎるようになって後悔している。サラは会えば楽しいし、いわゆるデート相手にも、パートナーにもしたいと思わせる典型的な女性だ。不誠実な自分にヨーアルは自己嫌悪を感じている。サラは彼の子供たちに会ったことがないにもかかわらず、思いやってくれ、献身的だ——彼が話した子供のテストの結果を聞くこともある。おそらく距離を縮める方法なのだろう。継母の役割を引き受け、子供たちと本当の関係を持てたらどんなにいいことかアピールしているのだろうか？　サラとハイジの違いには衝撃を受けざるを得ない。ハイジの世界は彼女中心に回っている。

自分はなぜふさわしくない相手を好きになるのだろう、と彼は不思議に思う。ハイジとの関係は常に葛藤の連続で、物事がスムーズに進むことはない。それがハイジに魅力を与え、自分の感情を刺激しているのだろうか。

遅くとも2カ月後には、離婚を成立させるべく書類を裁判所に提出する必要がある。16歳未満の子供がいる場合に必要な別居期間6カ月は経っているのだから、制度的には今すぐにでも離婚できるはずだ。だが、いつがベストなのだろう？　彼は離婚を急ぎすぎているようには見せたくない。2人は16年間一緒に暮らしてきたが、間もなく正式に終わる結婚生活に終止符を打つことにあまり熱心だと思われたくないのだ。今の2人の関係は良好だ。冗談を言い合ったり、子供たちのかわいい写真を送り合ったりするが、もう後戻りはできないと彼は思っている。離婚して羽目を外して遊び回ることに飽き飽きして、家庭生活に戻りたくなったとしてもだ。

愛人側の事情

本書を執筆し始めた頃、私は周囲にぐるりとアンテナを張り巡らせていた。ありとあらゆるカップルから浮気と不倫の話を聞いた。知人のアダムは既婚女性と不倫関係にあったが、その女性と夫の両方を知っていたため慎重に振る舞わねばならなかった。土曜日の夕食で2人と同席することもあったのだ。だがしばらくしてその女性は一歩を踏み出し、離婚した。アダムは比較的短期間で愛する人を手に入れたわけだが、同じ境遇の人たちで何十年も待たなければならず、「あとどれくらいかかるの？　最後通牒を突きつけるべき？　嫉妬に耐えられる？」と自問自答する人もいる。

愛人にしてみれば恋人の結婚生活が2人の生活やスケジュール——会える日時やいつ連絡して良いのかまですべてを決めているように感じることがあるだろう。相手の結婚生活の破綻は自分の責任ではないとしても、相手のパートナーに対する罪悪感に苛まれるかもしれない。〝付属品〟に成り下がることに抵抗があるかもしれない。浮気が明らかになったとしても、傷ついた感情を持つ生身の人間として愛人がセラピーで取り上げられることはほとんどない。むしろ、夫婦の関係性を成立させるために無視される。愛人とは「すべての接触を直ちに断て」というのがセラピストの通常のアドバイスである。

だが、愛人も偽りの約束に騙され、惑わされたのかもしれない。結婚生活はセックスレスで感情もなく、死んだようなものだとか、離婚の瀬戸際だとか、夫婦関係はすでに終わっているが現実的な理由で一緒に暮らしているとか、別居のための住まいを手配するまでの間だけだとか聞かされ、その後、愛人は自分だけではなかったことを知るかもしれない。あるいは、パートナーと別れるつもりはまったくなかったということも。2人の将来像を思い描いていたとしたら大きな痛手だ。自分自身とセルフイメージを守るために愛人は2人の将来像を計画し、守りを固めてきただろう。自分の不倫相手とそのパートナーはもはや愛し合っていないと判断したのかもしれない。2人とも不幸で、セックスレスで、パートナーは2人の浮気を知っていて、子供たちはすぐに独り立ちするのだろうと。

浮気が続けば、ある日パートナーが愛人からのメールを見るかもしれない。浮気が明らかになった場合、ほとんどは正式なパートナーを選ぶ。捨てられた方はそもそも公の場では存在しなかったのだから、ひっそりと静かに嘆き悲しむしかない。

正式なパートナーシップでは関係性が窮地に追いこまれ、信頼関係は失われる。一緒にいることを選んでも、2人には長い間、厳しい道が続くだろう。留まる価値はあるのか？　浮気された側はなぜ留まるのか？　そして、なぜ浮気した側は留まるのか？

すぐに離婚する人、しない人

ヴェラの夫マルクスは離婚しようとしなかった。彼は家とヴェラの人生に居座り続けた。妻を引き留める最も合理的な方法であるはずの夫婦の問題を解決しようとはせずに。浮気をされた人の中には、すぐに別れたいと思う人もいれば、そのままの関係を続ける人もいるし、カップルで乗り越える人もいる。家族カウンセリングや夫婦セラピーが助けになったり、危機的状況に対処する自分なりの方法を見つける人もいる。

セラピストたちは浮気はカップルが経験しうる最もダメージの大きい出来事の1つだと言う。また、対処が難しいパートナーシップの問題の1つでもある。

パートナーが浮気をした理由を知ったところで痛みが軽減される訳ではないが、理解する必要はある。どのように始まり、いつまで続き、なぜそうなったのか。関係性を修復することが目的であれ、別れることが目的であれ、知りたいものだ。それは私も同じだった。夫とその新しい恋人がいつ出会ったのか、どうしても知りたかった。いつから夫と私の関係が本物でなくなったのか。いつから嘘の生活を送っていたのか。

浮気発覚後も交際を続けるために浮気した方が自分の行いを正当化したり、事実を歪曲したりするかもしれない。「浮気したのは君が原因で、君がそう仕向けたんだ」などと。その場合、関係を継続するのは難しいだろう。パートナーを傷つけたことを自覚せず、罪悪感がないようなら関係修復への扉は閉ざされている。浮気そのものは後悔していなくても、相手にどのような影響を与えたかについて罪悪感と後悔を覚え、自身の行動で相手が今、深く傷ついているという事実を認識する必要はある。もし浮気をされたら「この人は反省しているだろうか？　自分の行動に責任を持っているだろうか？」と心の中で問うてみて欲しい。また、関係を続けたいほどパートナーを愛しているかどうか、愛せるかどうかも自問してみて欲しい。

どんなに絶望的な気持ちになったとしても、浮気後に新しい関係性を築くことに成功したカップルもいる。浮気がパートナーシップにもたらす数少ない良い結果の1つだ。

この新しい関係性からより良い対話が生まれ、パートナーシップにおける問題を解決しようとする意欲が高まり、自分たちの関係や家族をより大切にするようになる。時には、長年にわたって培ってきたレベル以上の寛容さや親密さ、誠実さや信頼感を手に入れられるかもしれない。

浮気がパートナーの注意を引き、〝自分たち〟という感覚、つまりパートナーシップに集中していなかった2人の目を覚ますのに充分強力な出来事になったと証言するカップルもいる。特に、うまくいっていないパートナーシップで起きた浮気は、機能不全に陥った古びた装置を一新する効果をもたらすことがある。浮気は新たな親密さやより良いセックスライフへの踏み台となり、よりオープンな関係、より深い絆、互いの弱さへの歩み寄りといった長いパートナーシップの秘訣である様々な結果をもたらす。こうしたものを失うと、パートナーは一番に何かを伝えたい相手でなくなり、どんな状況でも頼れる相手でなくなり、不安に満ちた道を歩むことになる。他の誰かにその信頼を託す隙ができる、精神的な忠誠心が別の人へ移っていくことになり、その人物に熱心に会いに行き、その日の出来事や喜びや悩みを打ち明けることになる。パートナーが2番手になった時点である意味、浮気はすでに始まっている。多くの場合、こうした感情的な浮気から始まり、性的な浮気へと発展する。感情的なつながりが欠落することを警戒しないと何か危険なことが起きることになる。

今日の欧米諸国ではほとんどの人が2回から3回、重要かつ長期的な交際をする。結婚する人もいれば同棲する人もいる。子供を持つ人もいれば持たない人もいる。1人の人と添い遂げる人も浮気する人もいる。エステル・ペレルはこう書いている。「どちらかが浮気をしたカップルが来た際、私はよくこう言う。『あなた方の最初の結婚は終わりました。2度目の結婚をまた一緒に始めたいですか？』と」時折は身を挺して、今進んでいる道が自分にとって正しいかどうかを評価する必要がある。現在のパートナーシップが自分にとって良いものであり、価値のあるものなのかどうか。そう、浮気は関係を破壊し、再定義する可能性があるのだ。宗教倫理学者のルイス・B・スメデスは「赦すということは囚人を自由にし、その囚人が自分自身であったことを発見することである」と書いているが、浮気にもほぼ同じことが言える。もしそのパートナーシップに留まるなら、相手を赦さないことで自分たちの関係性を台無しにしないようにした方がいい。もし留まらないのであれば、できる限り恨みや長年の苦悩から解放されるべきだ。それは私自身の指針の1つでもある。元夫の恋人を訪ねた時、私が望んだのはまさにそれだった。次の一歩を踏み出し、私たち3人にまっさらな白紙の状態を作り出すために。浮気当事者はどうだろう？　新しい恋が手招きしているのになぜ古い関係に留まるのか？　おそらくそのままデートもしたいしパートナーも欲しいからだろう。両方の長所――パートナーシップの安心感と独身の自由さ――が欲しいのだ。結婚と不倫を両立させることでバカンスに一緒に出かけたり、クリスマスや夏至祭で家族に紹介したり、地位や評判につながる結婚のメリットを享受でき、同時に刺激や燃えるような欲望、目新しさが不倫から得られる。不貞を働いた側は自分のルールに従って生きてきたが、欺かれた側はそれを知らなかったわけで、騙した側が現状維持をしたいと思うのも無理はないのかもしれない。

不倫をしても家庭に留まる理由

夫婦関係が耐えられるものではなくなっても、不貞を働いた側が留まるケースはある。なぜなのか？　最も一般的な理由をいくつか挙げてみよう。

パートナーを愛している　「パートナーは親友であり、ソウルメイトだから」と言う人はいる。互いを知り尽くし、一緒に楽しい時間を過ごしてきた。しかし、セックスレスになり、セックスがないのは寂しい。うまくいっているパズルのピースはそのままに、合っていないピースを交換しようと考えているのだ。

今は離婚できない　「仕事が忙しいし、すべてがフルスピードで動いているから今年は離婚できない。来年かな」不倫をすることでとっくに終わっているパートナーシップに耐えているケースだ。おかげで財産分与や家の片付け、売却を先延ばしにできる。だがパートナーシップに向き合わず、解決すべきことを解決しないのは明らかに最適な方法ではない。

隔週の親業には耐えられない　隔週で子供と離れることに耐えられないという意味でもあれば、隔週で子育ての全責任を負いたくないという意味でもある。子供と離れたくないというのは多くの人がパートナーシップを続ける主な理由でもある。

子供　離婚によって子供たちが被害を受けることを考えると、胸が痛む——壊れた家庭で育つことを子供が望んだわけではない。一緒に暮らしたくないと思っている両親と暮らすよりも離婚する方が子供へのダメージが大きいと信じられているが、実際は逆である。悪いパートナーシップは決して癒えることのない、常にかさぶたが剝がれている傷口のようなものだ。親がどんなに子供のために良い環境を作ろうと努力しても、本質的に家庭環境が愛情に溢れておらず、調和というものがない。幸せな親は不幸な親よりも良い親だ。幸せな人はより良い環境を作る。離婚は一時的に不安定な時期を作り出すが、不幸な両親のもとで不幸な時間を過ごすよりも、遅かれ早かれ平和な結末を迎える。

愛人には幸せにしてもらえなかった　「妻に何か問題があるから、他の誰かとなら幸せになれると思っていた」のに、人生の謎の答えは不倫ではなかった。妻が悪いわけでもなかったし他の人といても幸せにはなれなかったのだから。外に目を向ける方が簡単だが、自分の中のしこりを解きほぐし、人生に満足できない原因を突き止める必要がある。

セルフイメージ　自分のことを死が2人を分かつまで結婚を続けるような人間だと思っていれば、離婚するのは難しいだろう。もし育児に熱心な場合、それも離婚を難しくする。だったら、悪いパートナーシップにとどまり、浮気をする方が簡単だと思うのかもしれない。

ステータス　パートナーシップや家族のステータスを維持することは重要だ。時には、成功しているように見せるために幸せを犠牲にすることもある。ヴェラの場合、夫のマルクスはそのイメージを維持したかった。コミュニケーションや親密さの欠如はそれほど重要ではなく、おそらく彼が親密さを作り出すのが得意でなかったという事実と関係しているのだろう。

懐具合　浮気のきっかけにも様々な原因があるように、パートナーと一緒にいる理由も様々だ。経済的な事情もその1つだ――離婚すればマイホームを持つ余裕はなくなるかもしれない。ヴェラにはマイホームを買う経済力はあったが、子供たちの学校から遠く離れた地域でしか叶わず、引越せば経済的に維持できなくなってしまうためかつての彼女はとどまった。

浮気は間違いだった　本当はパートナーと別れたくないし、別れたいと思ったこともない。浮気によって欲しいものが手に入ると思ったが、その考えがそもそも間違いだった。正直に浮気を打ち明けるべきか迷っている。

そう、不倫しても家庭にとどまる理由は浮気する理由と同じくらい多いのだ。

パートナーシップのゆくえ

最初のうちは恋に落ちたばかりで互いにいい面ばかりが見え、優しく振る舞ったりする。だが、どちらかが相手を苛立たせたり、誤解したりということは起こり得る。すぐに話し合う代わりに受動的攻撃行動（パッシブ・アグレッシブな態度）を取ったり、不愉快なことをし返したりする。そこから怒り、憤り、悪口に取って代わっていく。この選択が双方を不幸にし、取り返しのつかない言動に発展するとより危険で勝者がいない状況をもたらす。互いを（言葉選びをお詫びする）〝クソ眼鏡〟で見るようになる。相手の行動がすべてネガティブに映り、「あなたは決して○○しない」「あなたはいつも××と言う」と決めつけ始める。パートナーの目新しさが消えてしまえば、誰でもまったく同じサイクルがあっという間に始まるのだ。

尊敬し、受容し、耐え、許し、そしてもちろん感謝することはすべてパートナーシップの重要な指針となる。真摯かつ正直にパートナーを第一に考えることもだ。研究者のビアンカ・アセヴェドによれば、人は互いに愛し合い続けることもできる。その気持ちはパートナーシップの始まりだけに存在するものとは限らない。パートナーとの愛を保つ最も重要な要素の1つは相手を尊重し、ポジティブに捉え続けることだ。

祖父母のことをよく思い出す。今の私があるのは祖父母の存在が大きい。妹のマリアナと私は同じ団地に住む祖父母のそばで育った。祖父母は私たちにとっていつももう1

組の両親であり、実際、私の子供たちも幼い頃は祖父母と長い時間を過ごした。2人ともフィンランドで戦争を体験したし、祖父は最前線の兵士となり、祖母は貧しいながらも愛情に満ちた家庭を13歳で離れることになった。祖母は10代で単身ラップランドに渡り、メイドとして働いたのだ。その後の数年間は喜びと悲しみ、喪失と幸運の繰り返しだった。祖母は厳しい経験を数多くしてきた。祖母は亡くなる少し前、台所で料理をしながら「その日が来ても嘆かないで。喜怒哀楽のパッチワークのように豊かな人生だったのだから」と言った。多くの子供や孫がそうであるように、来たる別れについて心の準備をしなければならないのはつらいことだった。祖母がそう口にしたのはもちろん善意からであり、あらかじめ優しく忠告することで私に準備をさせたかったのだ。

祖母のパッチワークキルトのイメージは今でも私の心に残っている。人生に対する美しく洞察に満ちた見方だと思う。周囲の人々がどのように行動するかをすべて予測することはできない。未来を見通すことはできないし、心を許した人が真に良い人間であるかを確かめることもできない。分かっているのは、裏切りや浮気や困難を恐れて親密な人間関係や愛への扉を閉ざしてしまうと、多くの良きものを逃してしまうということだ。パッチワークには明るく幸せな色だけでなく、暗くくすんだ色もある。人生と同じだ。

幸いなことに、雲の向こうにはいつも青空が広がっている。美しい魂と善行がそこにある。最良なのは自分自身の中に安心感と注意深い目を持ち、感情の羅針盤を正しくセットすることだ。そうすることでパートナーシップを終わらせ、次に進むべき時がいつか見えてくる。

人生には様々なことが起き、パートナーシップや自分自身のニーズにも応えられない時がある。しかし、遅かれ早かれ、状況に対応する必要は出てくる。自分自身との約束を書き直す時が。自分が何者で、何を必要としているか。誰と時を過ごしたいのか、どんな信念を持っているのか。列車が線路を変えるようなもので、軌道修正し、新しい行き先が見つかれば、急に正しい道に足を踏み入れたように感じて安堵のため息をつき、地に足がついたように感じるだろう。重要なのは、自分にとっての理由を見つけることだ。浮気の理由であれ、留まる理由であれ。私自身は考える必要はなく、捨てられるのは辛かったが、元夫が2人のためにした選択は解放感を覚えるものでもあった。

ヴェラその11

ストーカー化する元夫

ヴェラが帰宅し、キッチンの比較的新しいフロアタイルを数歩歩くと見えるダイニングテーブルの中央には、花が活けられた花瓶があった。彼女は身震いする。元夫のマルクスは自分が来たことをヴェラに知らしめたいのだ。

数日後に帰宅すると、今度は結婚祝いに贈られたブロンズ像が、置かれていたはずの部屋から移動していた。広い家のどの部屋でもなく寝室のベッドの真ん中に。なぜ元夫は両親からの結婚祝いをここに置いたのだろう?

離婚後、ヴェラはカウンセラーのもとを訪れ、これらの出来事について相談する。カウンセラーはこう答えた。

「彼はあなたの寝室に来たことをあなたに知ってほしいのです」

カウンセラーは一呼吸置いて、少しためらいながら続けた。

「ちょっと気味が悪いですね」

マルクスは、事前連絡なしで家に来ないでほしいと言っても聞く耳を持たない。だがこの家は今や彼女の家だ。彼のではない。

ドアロックのマスターコードも教えてくれない。そして、彼女が不在の時を狙って家に来続ける。ヴェラが疑念を突きつけてもいつもと同じ反応だった。

「ああ、たくさんの洗濯物があったから。手助けのつもりだったのにお前はいつも恩知らずだな」

「でも今は私がここに住んでいるのよ。無断で押し掛けるなんて。昔は夫婦だったけど、今は違う」

彼女の言葉では何も変わらない。予告なしに家を訪れ、寝室に入ったのは、明らかに権力と支配を誇示するためだ。彼女はどこにも安らぎを見いだすことができない。ヴェラのスマホにも奇妙な点がある。ヴェラにはわからない設定だが、両親があるアプリで彼女に電話をかけると、マルクスのスマホでも着信音が鳴るのだ。それを隠すこともできたはずだが、ヴェラの母親からの着信に嬉しそうに「マルクスです」と出る。

そのアプリで電話をかけてくるのはほぼ両親だけだが、他の誰かがかけてこないとも限らない。ヴェラはサポートに相談したが、彼女の設定ではマルクスに電話を転送するような項目はない。理解できないが、元夫がヴェラの行動を見張っていることを知らしめたいように見えるのは明らかだ。

位置情報サービスをオフにすれば、彼はアクセスできないはずだ。にもかかわらず、住んでいる住宅街にある商店街に行く予定を変更した際「カープランのモールに行くんじゃなかったのか？」と言い出したりする。追跡アプリで子供たちを見守るのは１つの知恵だとしても、ヴェラが１人で車に乗っていても同じようなことがあった。

今日のテクノロジーは不貞行為をより難しくしているとも言える。デジタルの痕跡が残るからだ。駐車場でこんな画面に出迎えられることがある。「駐車料金は無料です」ただ子供を降ろすために通り過ぎただけでも画面表示が出る。「駐車場に登録してはいないし駐車しに入ったこともないのに」とヴェラは少し諦めながら思う。

しかしヴェラのデートを止めることはできない。彼女にはマティアスという男性もいる。目的意識の高い独身男性だ。今や彼女も完全に独身だ。最初のデートから彼は猛スピードだった。

「僕は今すぐ〈ティンダー〉を削除する。僕らのこれからに賭けたい」と言う。

自信満々で、ヴェラとやっていけるかどうか試してみたいのだろう。一目で意気投合することだってもちろんあるが、すぐに交際してしまうような人は、同じようにすぐに逃げ出すんじゃないの？

ヴェラも思いは同じだが、彼はヴェラに他の人とデートしてほしくないと言う。

「謝るつもりはない。僕は古風だし、君を失いたくないんだ、ヴェラ」

これをロマンチックな本心と解釈すべきか、それとも純粋な独占欲なのか、疑問だ。警報を出すべきだろうか？　ヴェラはどう考えればいいかわからない。

自分がヴェラを求め、魅力的な女性だと思うのだから、他の男たちも彼女を欲しがるはずだ、というのが理由だそうだ。他の男性陣と競争したくないのだろう。誰にでも不安はある。浮気や離婚といった重い人間関係の荷物を抱えた2人が、相手を完全に信頼するには長い時間を要する。一方、お試し期間の不確実性に耐えられず、「これだ」と決断できる段階へ素早く飛びつく人もいる。マティアスはどうなのだろう？　判断が難しいのは、彼が耐えきれず一足飛びですぐに交際に進みたいのか、それともすでにヴェラを人生の大恋愛の相手だと感じているのかがわからないことだ。

不倫は〝心の安定剤〟になりえたか

ある晩、彼女は前もって連絡せずにマティアスに電話をかけた。彼は帰宅していると言っていた。電話を鳴らした瞬間、着信が拒否され、「トレーニング中」という短いメールが届いた。

さらに数回、無関心や優先順位の変化、素っ気なく曖昧な対応が続き、ヴェラの中で危険信号がともった。自分がしつこく、退屈な人間だと感じる。

だがまだ2人の関係を終わらせたくはなく、「元夫よりマシだ」とやや自暴自棄に考えている。マティアスはいつでも彼女を褒めてくれる。褒め上手で、応援してくれる。だから彼はまあまあだし、元夫よりマシだ。だが、まあまあで充分だと思うのはやめるべきかもしれない。どうしたらいいのかわからないが、目指しているのはそういうことではないかもしれない。最高の独身生活を送るのに、そこそこの相手といることがそんなに重要だろうか？　周りにいる人たちは皆、オッケーな範疇に収まるのでは？　それは受け入れたくない。本当に相性の悪い人がいるのと同じように、本当に相性のいい人もいるに違いない。自分と元夫のことを考えると2人の相性は悪くなかったのかもしれない。単に、まあまあ大丈夫な範疇に入る嫌な人というだけかもしれない。部分的にはいい人だけど大部分は嫌なヤツ。誰にとってもいい人ではない。

マティアスはストックホルム郊外に住んでいてなかなか会う機会がない。ヴェラには子供たちがいるし、仕事があるし、財産分与があって家を空にして売却した後の住まいを考えなくてはならない。マティアスはよく働くし、「君はまだ離婚を終えていない」と言われるかもしれない。まだであることは自覚している。当面、終わらないだろう。どん底にさえ達していないかもしれない。不安は1人でいる時が一番つらく、子供たちがいてくれたらと思う。家での孤独な夜はあまりにきつく、逃れるためならどんなことでもしたくなる。デートの約束がない1人の夜は男性陣や友人たちと電話をしている。

マティアスと同様、ステファンもヴェラが想いを寄せた男性の1人だ。しかし、彼女が2人の関係をどうするかについて長々と考える必要はなかった。なぜなら彼女を口説いてくるのも早かったが、関係を終わらせるのも早かったからだ。「君は離婚を乗り越える必要がある。君の周りはあまりに雑然としすぎている」とメールでそう伝えてきた。

ヴェラの不倫は本来求めていた結婚生活の安定剤にはならなかった。不倫はパートナーシップを破壊するのではなく、重圧を和らげるためのものだったし、結婚生活と家庭生活を維持しながら、機能していない部分を取り替えるだけのものだったはずだ。しかし彼女が出会った男性たちのおかげで、今の結婚に代わる選択肢があることがわかった。付き合っていた男性たちが素晴らしかったからというわけではないが、彼女は偶然、愛を与えることが難しく、自分の欲求以外に目を向けることができない男性と結婚してしまったことに気づいたのだ。

マルクスは男性全体の中で特段、外れくじなわけではない。今では彼女はそう思っている。それどころか、彼の悲惨さなど普通だろう。少なくともこれまで知り合った男性陣と比較すれば平均的だ。フランクを除けば。彼はいい人そうだ。デートをし始めて数カ月になるが、彼女を優先してくれている気がする。

何度も引越しの積み込み作業をし、幾度となく内覧会を開き、1人で抱えるにはあまりにも大きい責任だったが、最終的にヴェラは家を売却した。手頃な広さのアパートメントを見つけ、自分と子供たちのために購入した。アパートメントの引き渡しは3月の初め。引越しがどれほど楽しみか、言葉では言い表せない。鍵を手にしドアをロックしたらもう誰も彼女に近づけないのだ。

ヨーアルその11

独身生活は難しい

ヨーアルは職場のカフェテラスでサラに出くわす。彼女が話をしたいと言うので会うことにした。16時に約束のカフェに行くとサラは何かおかしいと言う。他の人とデートしていない？　そう言いながらも2人がステディな関係になく、自分とだけいて欲しいと要求できないこともわかっている。ヨーアルは重い気持ちになる。罪悪感と良心の呵責を覚える。彼女がとても善良な人だからであって、貞節を守るべきだったからではないのだが。

水曜日と木曜日に職場で企画会議が開かれる。チームにはハイジともう1人のデート相手、ミシェルが含まれている。その日、彼はハイジとビールを飲みに行った。いつものように1杯で終わらず、何杯かおかわりをする。惹かれ合う引力は変わらない。食事を終え、キスをし、ハイジは娘のいる家に帰る。ヨーアルも家に帰るべきだったと後から反省するが、彼は帰らずミシェルに会いに行ってしまう。ハイジと別れた後、そのまま夜を終わらせる気になれなかったのは、無意識の反抗だったのかもしれない。ハイジからの独立を証明するために、ハイジの意思や願望の被害者にならないためにミシェルに会いに行くのだ。ハイジはヨーアルが欺いたと思うかもしれないが、そうではない。彼は自立したのだ。同じ職場の知り合いだからミシェルにはハイジと一緒にビールを飲んできたと話す。ミシェルとセックスをし、家に帰る。ミシェルにはパートナーがいるから、ヨーアルは浮気相手だ。

翌日、全員が職場にいた。会議中、ハイジとミシェルが隣同士になる。ヨーアルとハイジは視線を交わしたり、２人にしかわからないジョークを言い合い、特に仲睦まじい雰囲気で互いに触れ合ったりする。無邪気に、また思わせぶりに。コーヒーを飲みにカフェに行く際、ハイジはヨーアルの腕をとった。２人の間の惹かれ合うものが明らかにミシェルの機嫌を損ねた。前夜は平気だったのに、ミシェルは傷つき怒っていることにヨーアルはすぐに気づいた。本当は怒りたくないからだろう、ＳＮＳでヨーアルを削除し、「好きにすればいいけど、二度と私に近づかないで」とメールを送ってきた。〝消えろ〟ということだ。

知り合いばかりの職場でのデートにはデメリットがある。〈ティンダー〉であればすべてをより穏便に保てただろうと不安の中でヨーアルは考える。新しい生活は気楽で、身軽に過ごせるはずだったのに。2、3日落ち込み、自分を悪人のように感じた。どうしてこんなに不器用なんだろう？　義務に縛られずに生きたいと思っていたのに。関係性を無感情に保つことが上手くできない。出会う女性たちと親密になったら、自分は彼女たちに対して純粋かつ正直で、本物であろうと思っている。出会いを通して、肉体的にも精神的にも裸になりたいと思っている。本物でなければならない。独身生活は想像していたほど単純ではなかった。課題は、両者が満足できるレベルの関係性を保つことだ。だがどのくらい？　自分がより多くを望めばいいのか、相手がより多くを望めばいいのか。

なぜただ落ち着くことができないのだろう？　なぜ気楽にできない？　なぜ次の刺激に飛び付かず、家に帰らない？　承認欲求のためなのだろうと彼は思う。コカインを大量に買い込んで、週末に全部やってしまうようなものだ。今回のようなしっぺ返しがくる。

彼は朝、冷や汗をかきながら1人で目を覚ます。

ハイジは手に入らないものを欲しがる。手に入るものは欲しがらない。彼は唾を呑み、自分も手に入らないものを欲しがっていることに気づく。そして自分が手に入れたもの——つまりグレタとサラ——を欲しがっていない。実際は自分もハイジと同じなのだろうか？　自分自身への洞察に呆然とする。すべては大きな間違いなのか？　自分の感情は誤ったプログラミングをされているのだろうか？

心理学者アンジェラその*11*

浮気・不倫から2人の関係を守れるか？

家に帰りパソコンを取り出す。執筆が流れに乗り、インスピレーションが湧いてくる。家族の未来が崩壊した時、どれだけ傷ついたかを思い出す。今とどれだけすべてが違って感じられたか。本書がもうすぐ完成するのは経験したことのおかげだ。好奇心に火がついたのだ。この方向に関心が向いたから見られたことといったら、信じられないほど興味深いものだった。本書の道のりにも驚くしかない。著者として、また1人の人間として。ヴェラとヨーアルと彼らの感情を感じるほど近くにいられたことはとても圧倒的で刺激的な経験だった。彼らの洞察、内省や悩みを理解することで、ある意味で私は2人の不倫の中で彼らと共に生きたのだ――たとえ自分のいる側が反対側だったとしても。

ノートパソコンに向かい、熟成中の原稿を眺めながら、ずっとタイトルについて考えていた。長いこと『不倫』という仮タイトルで通していたのだが、しばらくは『秘密の関係』と『禁じられた関係』で悩んでいたこともあった。これでは小説っぽくなりすぎる。赤裸々な真実こそがこの本の中身だ。なぜ人は浮気をするのかという真実。どうやって浮気から立ち直るかや彼と一緒に居続けられるかといったことではなく、私は何よりもまず、浮気に関する真実を見つけ、理解したいと思ってきた。なぜ起こるのか、どのように起こるのか、そして本人やパートナーシップにどのような影響を与えるのか。

ヴェラの物語とヨーアルの物語には相違点よりも共通点の方が多いと思う。2人にとって離婚後初めてとなるクリスマスが近づいていた。ここ数週間が彼らにとってどんなものになるかを考え、原稿を完成させるのは待つことにした。2人の最新情報を盛り込みたかったのだ。

さて最後に1つ、疑問が残っている。パートナーシップを浮気から守ることは可能だろうか？　人には――つまりパートナーシップには――浮気に対する抗体を作ることはできるのだろうか？

答えは、残念ながら、浮気から（完全に）パートナーシップを守ることはできない。ただし、パートナーシップが落ちてくる雷に持ち堪えられるような状況を作り出すことはできる。つまり、新しい何かのときめきを呼び覚ます状況だ。完全に安全な関係性も、完全に影響を受けない関係性も存在しない。周囲に防護壁がある関係性も存在しないし、〝私たちには絶対に起こらない〟こともない。単に、自分自身とパートナー双方の不確実性と共に生きることを学ぶ必要があるだけだ。愛する人とできることはある。互いにオープンになり、弱さを見せ合うこと。パートナーに対して精神的に寄り添い、好奇心と関心を持つこと。これらは良い関係性を築くための要素だ。

「トロールは太陽光で粉々になって消えてしまう」という言葉をどこかで聞いたことがある。欲望や魅力にまつわるほとんどのことにこんな向き合い方をしているカップルがいる。互いに何を夢見ているのか、何を望んでいるのか、何をしているのかオープンにするのだ。他の誰かに惹かれている時でさえ、偽らないカップルもいる。パートナーに言うことで惹かれた相手への興奮が消えてしまうようだ。禁断だから快楽となり、秘密が引き金になる。ならば秘密を言語化すれば謎は消えるのだ。もっとも、性を追求するカップルの中には、浮気という空想と刺激が詰まった貯蔵装置からインスピレーションを得る人もいるが。

起こるはずのないこと――つまりパートナーの浮気――が起きると、人生は崩壊する。私は知っている。会社を病欠し、ほとんど食べられず、眠れなくなる人もいる。痛みはあまりに衝撃的で、心は張り裂けそうだ。愛していた者同士が急にいがみ合うようになるかもしれない。エステル・ペレルは浮気が判明してからの期間を3段階に分けている。危機、理解、そして、これはカップルが一緒に前に進みたい場合だが、前向きな姿勢。「危機」は激しい感情を伴う最も敏感な時期であり、信頼できる聞き手――セラピストなど――に2人を仲介してもらったり、交際の新たなルールと希望を互いに提供する必要が出てくるかもしれない時期だ。「理解」の段階では、なぜ浮気が起こったのか理解する必要がある。何が主な問題だったのか？　私の場合は、この段階で答えを見つけたり得たりすることができず、推測に頼らざるを得ず苦しかった。関係性の中に具体的な理由が見つからないこともある。次から次へと浮気するような人間もいるからだが、理由としてはそれで充分だ。最後、第3段階の「前向きな姿勢」では、どうすれば前に進み続けられるのか自問することになる。エステル・ペレルは日記や手紙を書くことを勧めている。自分自身やお互い、あるいはセラピストに宛てて。日記ならば安全かつ自由に自分の感情を書き留められる。私の場合、出来事や感情、考えをまとめるのに役立った。結婚期間中に起きたことも不倫の末に起きたことも。

浮気の後に起こるのは、カップルが互いに心情を吐露する正直な対話だろう。怒りや愛情、満たされない期待、失望や悲しみ、相手を失うことへの恐れなどすべてがさらけ出され、あらゆる感情が表面化する。それらが長年欠けていたであろう感情的な親密さへの扉を開くのだ。こうした親密さは「この人を失ったらどうしよう」という気持ちと相まって、相手への欲望を蘇らせる。死んだような、あるいは半分死んだような関係性から突然、燃え上がるような欲望に満ちた関係性に変わる。

もちろん、2人が続けばの話だが。

パートナーシップの再出発点

浮気はパートナーシップに致命的な打撃を与えるだけでなく、新たな出発点にもなりうる。カップルが浮気や不倫から立ち直る際の3つの異なるグループについて説明した。3番目のグループが「探検タイプ」だが、危機をバネにして新しい何かを生み出す人たちだ。互いにオープンかつ誠実で、偽りのない姿勢でいることを選ぶ。ここで浮気した側とされた側は精神的な親密さや肉体的な親密さ、知的な関わり合いを通して互いを〝訪問〟し合うことになる。共感と包容力があれば回復と継続の道が開ける。パートナーの性的嗜好が2人を中心に回っている訳ではないと気づくことさえ、耐えることができるだろう。自分が対象であれば幸せだが、パートナーの好みは1人の人間でカバーできるとは限らない。互いに独立した存在だと認識することで、炎が燃え上がることもある。パートナーは所有物ではなく互いに選んだ相手だ。これは互いに相手を失うこともあり得るということを意味する。相手を失うかもしれないという感覚はより強いコミットメントを生む一方、長期的な関係性では失われやすくもある。

だから禁断の魅力や引力、誘惑といったものに目をつぶってはいけない。むしろ歓迎しよう。パートナーとの間に正しい方法で刺激と驚きを作り出すことで、愛する人とのつながりを強め、浮気のリスクを減らすことができる。浮気の機会が訪れた日には、穏やかに「もちろん刺激的だろうが、その価値はない」と断言できるようになるだろう。

いざとなれば終わるパートナーシップもある。生き延びるパートナーシップもある。浮気の後、まったく新しい成長や繁栄の道を見つけるカップルもいる。本書を読んでいるのは、もしかしたらパートナーに浮気をされてこのまま続ける価値があるのか、また同じことが繰り返されてしまうのか、と悩んでいる人かもしれない。あるいは浮気をしたパートナーに去られ、自分自身を癒す努力をしている人かもしれない。もう関係性を続けたくはないが離婚はしたくないという人、誰も信用できなくなり、内面がズタズタに傷ついて別れる直前の人かもしれない。それとも自分が選ばれ、優先されることなどあるのだろうかと考えている愛人かもしれない。

本書に、どうすれば2人の関係性を新たなレベルに引き上げることができるか、今の関係性の中で生き生きと感じることができるかの回答を期待していた人もいるだろう。刺激やときめき、欲望を感じたい人や、倦怠期に陥った関係性を目覚めさせ、新しい血液を注入したい、パートナーに浮気されたくない、浮気から関係性を守りたい人もいるだろう。

結婚生活を守る方法は、結婚生活を抑圧することではないことはもうご理解いただけただろうか。規則や管理、行動や接触の禁止は活力を奪う。どうあがいてもパートナーの一挙手一投足の監視などできない。また何でも一緒にというのも不可能だ。そうした試みは簡単に裏目に出るし、囲いの外の世界をさらに魅力的なものにさせてしまう。浮気後も一緒にいたいのなら、仕事の飲み会の写真をパートナーに送るなど、積極的な信頼関係回復のための行動が必要になるかもしれない。そうすれば時間とともに信頼関係は回復していくことだろう。

カップルの未来を左右する要因

関係修復をして一緒に前に進むにせよ、関係性を終わらせるにせよ、その要因となるものは大きく分けて3つある。性格と関係性、そして状況だ。この3つは浮気の構成要素と同じで、浮気のタイプがどれであるかが、浮気がしばしば残す打撃の後にカップルをどのように前に進ませるかを左右するということを忘れてはならない。浮気のタイプによって立ち直りやすさも違ってくるのだ。

例えば「性格」に目を向けると、これが違えば前へ進む際の寛容さが異なってくる。パートナーシップには様々な性格の組み合わせがあり、関係性継続を容易にしたり困難にしたりする。

浮気は世界中に存在する。ほとんどの国で非難されるか見下されている。驚くべきことに、浮気をしている男性の56％、浮気をしている女性の34％が自分のパートナーシップを「幸せ」あるいは「とても幸せ」と答えているにもかかわらず、浮気するのだ。

本章は希望を与えることが目的だ。だから人を誠実にさせるものに焦点を当てよう。私は友人や知人に取材し、以下の質問に焦点を当てた簡単な世論調査を行った。質問とはこういうものだ。浮気のリスクを増大させてしまうから、やめた方がいい行為はあるか？　望んでいたものを与えてくれない関係性とはどのようなものか？　すると、長い間一緒にいると、相手のために何かをしたり、一緒に何かをしたりするのが忘れられがちになっているということがいくつもあった。

心理学者アンジェラその11

スキンシップ　すれ違いざまに背中や腕を軽く撫でる程度でもいい。触れ合うことで受け入れられていると感じ、体内でオキシトシンが分泌される。つまり一般的に、触れ合うことで機嫌が良くなり、パートナーとポジティブな関係になる瞬間が生まれる。前向きな相互作用が多ければ多いほど貞操を守る可能性は高くなる。

前向きなことに集中する　〝株式会社家族〟では批判的な論調が定着しやすい。人生はプロジェクトとなり、典型的な日常生活を維持するためのパズルが支配的になる。やるべきことをやらないパートナーと家庭と子供の責任を負っていればさらに悪影響がある。しかし家庭内が公平で、互いに自分の役割を果たすとしたら、相手の良いところに目を向けることができる。初めて会った時、好きになった理由は何だっただろう？　それを思い出し、相手への感謝を伝える機会を作ろう。

〝自分たち〟という感情（帰属意識）　ミラーリングという心理現象をご存知だろうか？私が講義でそう聞くと、たいていの人は相手の立ち方や座り方を真似るボディランゲージを連想する。だがミラーリングはそれ以上のもので、自分たちが仲間であると実感させるのだ。考え方が似たり（態度の類似性）、同じような活動が好きになったり（活動の類似性）する。カップルが「私たちは違いすぎた」「すれ違ってしまった」「違う方向に成長してしまった」と言うのを聞いたことはないだろうか。そういうこともあるかもしれない。だが、私たちはそんなことを打ち消し、〝自分たち〟という感情（帰属意識）を強めることができる。自分たちを結びつけているものは何なのか？　共通点に焦点を当てれば互いの絆は強まる。一緒に始められる活動や楽しみがないだろうか？　付き合い始めは共通点があることで惹かれ合う。長い付き合いでは、共通点も助けになる。これは、欲望にはある程度の距離が必要だと書いたことと混同しないで欲しい。欲望だけでは関係性は成り立たない。関係性がうまくいくためには、複数の基盤が必要だ。例えば、仲間意識のように。最初のデートで必要な3段階の接触は、感情的な接触、知的な接触、そして性的に相手の気を引くときめきだ。

意見の相違を認める　似たもの同士だと魅力が増すとは言ったが、すべての意見や好みが双子のようになるわけではない。考え方も感じ方も同じだったり違ったりする2人の人間だ。過去7年間、互いの相違について何度も議論し、まだ解決策を見いだせないのであれば、その状況を受け入れた方がいいかもしれない。その問題に関しては互いに違う考えを持っているし、これからもそうだろうと。

刺激と驚きを取り込む　皆、成長と刺激を必要としている。新鮮さや驚き、新しい経験を一緒にする感覚を取り込むことができれば、2人の関係性を良い方向に導けるだろう。行ったことのない場所に行ってみたり、帰省の際にいつもと違うルートを通ったり。いつも一緒にいるなら週末を別々に過ごすなど変化をつけるのだ。

共に成長する　人生は長い変化の旅だ。セメントで固められた不動のものなど何もなく、1つの変化が次の変化をもたらす。だからこそ、パートナーとは継続的に話し合う必要がある。新たな問題を精査し、問題が大きくなったり解決不能な臨界点に達する前に直視する必要がある。人生には突如として爆発的な試練が訪れることがある。個人にもカップルにも挑戦してくるような試練。変化は潜在的な危機であり、パートナーシップの見直しを迫る機会でもある。素晴らしいことに、こうした瞬間は団結し、共通の道を見つけ、愛を再発見する機会でもある。愛にはすべてを一新し、何度でも蘇らせる力がある。人生の必然的な危機を乗り越えられれば、愛は新たに生まれ変わる。実現したいのは共に成長し、語り合い、心を開き、弱みを見せ合うことで、親密さを育んでいくことだ。

寛大さを保つ　恋をすると個々の構成員よりも集団が重要になる。そうなれば愛情は長続きし、信頼は保たれる。パートナーで居続けられるのは、自分たちの内的衝動と外からくる刺激をコントロールできるからだ。素晴らしい思い出、幸せな日々、楽しかった瞬間から活力を得ることだ。出会った日や最初のデート、最初のキス、最初の旅行を思い返せば、すべてが活力となり、互いへの気持ちを新たにするだろう。陳腐に聞こえるかもしれないが、人は何度も何度も同じ人に恋をする。だから美しく楽しい思い出を大切にし、長年にわたって互いに引き起こした衝突や傷の記憶からは（できるだけ）遠ざかろう。

そう、私たちの関係性を守るためにできる行動はいくつもあるのだ。

おわりに――3人の現在

本書は私自身が不倫された経験をもとに執筆した。夫は別の女性を見つけ、彼女を選んだ。私は何年もの間、恥と沈黙の中で生きてきた。

だが今、私は恥じていない。互いのすれ違いによる〝普通の〟離婚だったかのように装うこともない。私は拒否され、交代させられた。元夫の人生の伴侶には別の人が選ばれた。だから離婚は不可欠だった。私は以前より幸せになれたが、それは何年も経ったから言えることだ。当時は必死で、どうにかして自分の持っているものにしがみつきたかった。

もしトロールが太陽光で粉々になって消えてしまうものならば、私の中にいたトロールはこの瞬間、消えてなくなった。恥ずべき秘密はもうない。精神的な危機の極みまで至り、話すことさえできなくなっていた自分に今は驚いている。元夫の不倫は私が不充分であることを意味するのではないか、あるいは〝良い〟男性を選ぶ知恵がなかったことを意味するのではないか、と恥じていたのだろうか。

本書を執筆し、不倫の真相を探っている間、私は3つのことに驚いた。

第1の気づきは、人が浮気をする理由や方法は実に様々であり、1つのまとまった現象として捉えることはできないということだ。多くの人が理解し、共感できる浮気の形もあれば、ひどく痛々しくて見え透いた、胃が締め付けられるようなものもある。私の狙いは理解することだったので、それができたことはうれしく思う。私自身は逆の立場だったが、ヨーアルとヴェラの話を聞いて彼らの足取りを興味深く追うのは難しいことではなかった。

第2の気づきは、状況に関係なく浮気をする人がいるということだった。そういう性格なのだ。逆に言えば、状況も関係性も不貞行為を妨げないということだ。遅かれ早かれそうなるのだから、自分の結婚生活を思い出すと慰めになる。

第3の気づきは、多くの人にとって悪い関係性から〝ただ別れる〟のは難しいということだ。人間は互いに惹かれ合い、一緒にいたいという欲求を進化させてきた。グループや一族、社会的背景、関係性というものは、多かれ少なかれ無意識のうちに生命保険のような役割を果たしている。人類の歴史を遡れば、孤立は通常、死を意味していた。だから人は集団やパートナーシップに留まるのだ。そして、どうすればうまくいくのか、様々な解決策を見つける。もちろん、パートナーを愛していても、長期的な視点で見れば一緒に暮らすのは無理だと感じる部分もあるかもしれない。パートナーの明らかな浮気の兆候に目をつぶることもあるかもしれない。

ヴェラとヨーアルはどうだろうか？

ヴェラは現在、独身生活を送っている。1対1の関係を持つならもっと自立してから、と新たな気持ちを抱いている。マッサージに行ったり、友人と会ったり、食事に出かけたりして、自分の時間を持ちたいと考えている。

自分の不倫を恥じながらも、壊滅的な夫婦関係から抜け出すためにはおそらく他に方法はなかったのだろうと彼女は気づいている。その気づきが心の平安をもたらしている。

数々のデートはヴェラにとって重要な内なる旅となった。セルフイメージと自信は回復し、今また新たな段階に達している。デートすることで魅力と愛情の違いを知った。相手に何を求めるのか、相手との境界線はどこなのか、陥りやすい罠は何かを考えるようになった。自分の望みが何かより、他を幸せにしようとするようにもなった。それはマルクスと新しいデート相手のフランクとクリスマス・イブを祝おうとしたことに表れている。あまりうまくいかなそうだが、フランクがアパートメントへの引越しを手伝ってくれ、離婚も成立し、自分は頼もしくなったと感じている。フランクはパートナー候補かもしれない。優しくて、彼女の意向を優先してくれる。

ヨーアルとグレタとの離婚も成立した。子供たちと過ごす週とデートする週をかわりばんこに送る生活を楽しんでいる。サラとの関係は終わった。勇気を出して、1人だけにコミットしたいわけではないとサラに打ち明けると、彼女は続けたくないと言い出した。いつものように、自分のしたことが正しかったのかどうか悩んだが、ヨーアルは謙虚に、だが同時に自信を持って説明する。「自分の人生をオープンにする代償なのだとしたら、これでいい。出会う人たちには、僕がどんなスタンスなのか知ってもらう必要がある。嘘や中途半端な真実にはもう耐えられない」人生は激しくて、今は最初から誠実であろうとする新しいデート相手がいる。ハイジは相変わらず幽霊のように彼を覆っている。だが、ヨーアルは手に入らないものを欲しがる自分に問題があることを徐々に理解し始めている。じきにそれに対処しなければならなくなるかもしれない。

私自身は原稿も終盤に差し掛かり、遅めの朝食を楽しんだ後、この最終章を書き上げようと腰を下ろしたところだ。ヴェラ、ヨーアル、そして私の3人全員、人生の新しいステージにいる。感情的にも、精神的にも、パートナーシップにおいても。今週末、私たちはストックホルムの中心部で新旧の友人たちと夕食を共にする予定だ。12月は雪と寒さで始まったが、その後1週間は気温が上昇した。今日はまた霜が降り、通りには粉雪が舞っている。クリスマスも新年も終わり、レストランに向かう途中、本がもうすぐ完成するという寂しさと安堵感が入り混じる。切なさを感じるのは、ヨーアルとヴェラの人生には今、いろいろなことが起こっているからだ。環境的な面でも精神的な面でも、離婚後の生活では当然そうであるように、エネルギッシュに前を見て歩んでいる。2人は長年、幸せを感じられない人生を送ってきたのだ。溜め込んでいた欲求と、新たに発見した人生への欲望が爆発している最中だ。私たちの多くは、無意識のうちに自分は大丈夫だという証拠や拠り所を探す2人のあり方に共感できるだろう。長い結婚生活の後、新たな連帯感を見つけるには時間がかかる。もちろんここで彼らの物語を終わらせるつもりはないが、本は完成させなければならない。原稿は校正され、印刷され、本として発売されなければならない。

夕食会には11人が出席し、ヴェラとヨーアルもいた。ヴェラは1人で来て、ヨーアルは同僚のミカエルと一緒に来た。ヴェラの向かいの席が2つ空いていたので2人はそこに座る。ヨーアルは私が本書のために取材してきた人がもう1人いることを知っていた。ヴェラもだ。だがどちらも、向かいにその人がいるとは知らない。本という形で、重要な時期に長く人生が絡み合っていた人たち、不思議な親近感を抱いていた人たち。

食事と飲み物を楽しみ、会話は子供や仕事、人間関係といったことに及んで気取らずに進む。デートや刹那的な関係にも話が及ぶ。独身者もいれば交際中の人もいる。交際中の人は独身生活に関心を抱く。自由で妥協のない生活、隔週の子育てを羨ましがる。デート市場に繰り出さないといけないなんて、面倒だという人もいる。幾つものデートで第一印象からジャッジされるなんて、と。独身者は、パートナーのいない生活を楽しんでいる人と誰かを見つけたい人が混じっている。

ヨーアルはまだ1人の人に深く関わる準備ができていないようだ。きっとこれからもそうだろう。ミカエルは「1対1の関係はもう終わりにした」そうだが、会食の数カ月後、彼に恋人ができたと知った。ヴェラはフランクと定期的に会っている。来年、夫と別れる予定の人もいる。ある人は結婚生活に不満を持っていて、もう対処できないと言う。1人は離婚したばかりで熱心にデートをしているが、そのテーブルにいる他の独身者2人は全くデートをしていない――「時間ばっかりかかって、しかもほとんど付き合う価値がない相手ばかりだ」と言う。

様々な会話が交わされている。4人は誰かのスマホの写真を見ている。面白がっているのは〈ティンダー〉のプロフィールだろうか？　ミカエルはソニヤと話している。私はヴェラの方を見る。ヨーアルと笑っている。子供部屋からソファベッドを引っ張り出した時のことを彼女が話しているところだった。私は心の中でその光景を思い浮かべ、それが去年の秋、彼女が戸建ての処分の最中のことであったのだろうと思った。

ヴェラとヨーアルは仲良くなったようだ。2人とも社交的で頭の回転が速いから楽しそうだ。共通の接点も多いようだ。もちろんそうだろう、と私は微笑みながら思う。2人とも最近まで長い結婚生活を送り、同時期に結婚以外の秘密の関係を持つようになり、そして別々の人生に踏み出した。ヴェラとヨーアルが意気投合したようなのが少しおかしくなる。素晴らしい。今話している相手が本書のもう1人の主人公だとは気づかないだろうと思う。もし自分から口にするならそれは彼らの判断だ。

ヨーアルはヴェラと自分のためにワインを注ぎ足す。ミカエルとソニヤと私は議論している。私は、ヨーアルとヴェラが交わす視線がますます長くなっていることに気づいた。ああ、２人はそっちの方向に進んだのかと内心微笑んでしまう。それからの3時間、私は自分の感覚が正しかったことをはっきりと理解した。現実は私の想像をはるかに超えていた。

訳者あとがき

本書の著者アンジェラ・アオラはストックホルム大学博士課程で心理学を学び、ストックホルム商科大学でウェルスマネジメントを修めた心理学者である。スウェーデンの大手金融機関や警察庁、Spotify やH&M、サムスンといった企業からも講演依頼が引きも切らない、国内で最も人気のある講演者の一人だ。専門分野は知覚心理学。神経心理学や社会心理学、今日のコミュニケーショントレンド、感覚マーケティングから購買行動研究までを踏まえて恋愛や仕事、日常で役に立つコミュニケーション術や対人関係について明快に解説するため、新聞のお悩み相談コーナーの回答者として登場することもあれば、テレビのトークショーにもゲスト専門家として頻繁に登場したりしている。

これまでにも「人の第一印象がどのように決まり、他者にどのような影響を与えているか」「対人関係における人の隠れた願望や潜在的な原動力」「インターネット時代のデート術」といったテーマで本を書いている。いずれも取材対象者と自身の経験を書きながら数々の論文を引用するスタイルで人の心の働きと行動を探求している。

本書もまた、「なぜ人は浮気・不倫をするのか？」という著者自身の実生活から生まれた疑問を解くべく、浮気経験者への取材を行うとともに、科学的な研究を交えてその動機や行動の背景にある人の心理と不倫の実態に迫っている。経験者は何％なのか。どんな人が不倫しやすいのか。どこで出会い、いかに終わるのか。パートナーシップを浮気や不倫から守ることは可能か。タブーとも言えるトピックをブログ的な軽快なテンポで、インターネット上で使われる絵文字を含む今っぽい表現を随所で用いて扱ったことで、スウェーデンでは話題となった一冊である。

取材に応じた二人、本書の「主要登場人物」とも言えるストックホルムに暮らす三児の母で弁護士のヴェラ、ヨーテボリの駐屯地に勤める二児の父ヨーアルの赤裸々な告白と、最終章で意外な未来を指し示すことになるそれぞれの「不倫の行く末」もまた本書の読みどころだろう。

浮気や不倫を取り上げた本は日本にもあるが、本書の特徴のひとつは、浮気や不倫が発覚した後、パートナーシップを続けるカップルが一定数いることに注目したことではないだろうか。

著者は浮気や不倫は「パートナーシップに致命的な打撃を与えるだけでなく、新たな出発点にもなりうる」とも書く。危機をバネにして新しい何かを生み出すことは可能だと説き、「共感と包容力があれば回復と継続の道が開ける」とも言う。

本書の中で著者は科学的観点から人間を性的な生物として正確に捉え、同時に、社会にはさまざまな嗜好や傾向を持つ多様な人間が存在していることにも冷静に触れる一方で、こうした結論を導き出すのだが、その過程は本書でお確かめいただきたい。

本書では「パートナーシップの守り方」にも触れられている。なんとはなしに「ちゃんと」成り立っていると思い込んで日々過ごしている私たち自身のパートナーシップも、案外と見過ごしていたり、おろそかにしていたりすることがあるのだと的確に指摘されていて、ひやりともさせられる。

読む人は自分自身のパートナーとのあり方を考えさせられるのではないだろうか。

安達　七佳

2024年5月

アンジェラ・アオラ　1974年スウェーデン生まれ。心理学博士。ストックホルム大学にて心理学を学ぶ。専門は知覚心理学。著書多数。現地ではメディアへの登場も多い。

安達七佳　1983年東京都生まれ。美術家、カメラマン、翻訳家。東海大学文学部卒業、東京藝術大学大学院修了。ヨーテボリ大学芸術学部卒業。スウェーデン在住。

Ⓢ新潮新書

1046

不倫の心理学

著　者　アンジェラ・アオラ
訳　者　安達七佳

2024年6月20日　発行

発行者　佐藤隆信

発行所　株式会社 新潮社
〒162-8711　東京都新宿区矢来町71番地
編集部(03)3266-5430　読者係(03)3266-5111
https://www.shinchosha.co.jp
装幀　新潮社装幀室

印刷所　錦明印刷株式会社

製本所　錦明印刷株式会社

ISBN978-4-10-611046-7　C0211

価格はカバーに表示してあります。

新潮新書

1017 男と女 恋愛の落とし前

唯川恵

不倫はすることより、バレてからが本番――36歳から74歳まで12人の女性のリアルな証言を恋愛小説の名手が冷徹に一刀両断。珠玉の名言にあふれた「修羅場の恋愛学」。

949 不倫と正義

中野信子
三浦瑠麗

不倫は増えている。だがなぜ有名人の不倫はバッシングされるのか？ 「愛ある」不倫も許されないのか？ 脳科学者と国際政治学者が語り尽くす男と女、メディア、国家、結婚の真実。

969 ドーパミン中毒

アンナ・レンブケ
恩蔵絢子訳

快感に殺される！ ゲーム、アイドル、SNSから酒、セックス、ドラッグまで「脳内麻薬」が依存症へと駆り立てる。スタンフォード大教授の第一人者による世界的ベストセラー、上陸。

959 ストレス脳

アンデシュ・ハンセン
久山葉子訳

人類は史上最も飢餓や病気のリスクから遠ざかった。だが、なぜ「不安」からは逃れられないのか。世界的ベストセラー『スマホ脳』の著者が最新研究から明らかにする「脳の処方箋」。

1024 メンタル脳

アンデシュ・ハンセン
マッツ・ヴェンブラード
久山葉子訳

現代人のメンタルは「史上最悪」――中でも若年層の問題は世界的に深刻だ。脳科学による処方箋がベストセラーとなった『ストレス脳』からあらゆる世代に向けて生まれた〈心の取説〉。